If Lost, Please Return To:

Name:_____

Phone:_____

Email:_____

Color Test Page

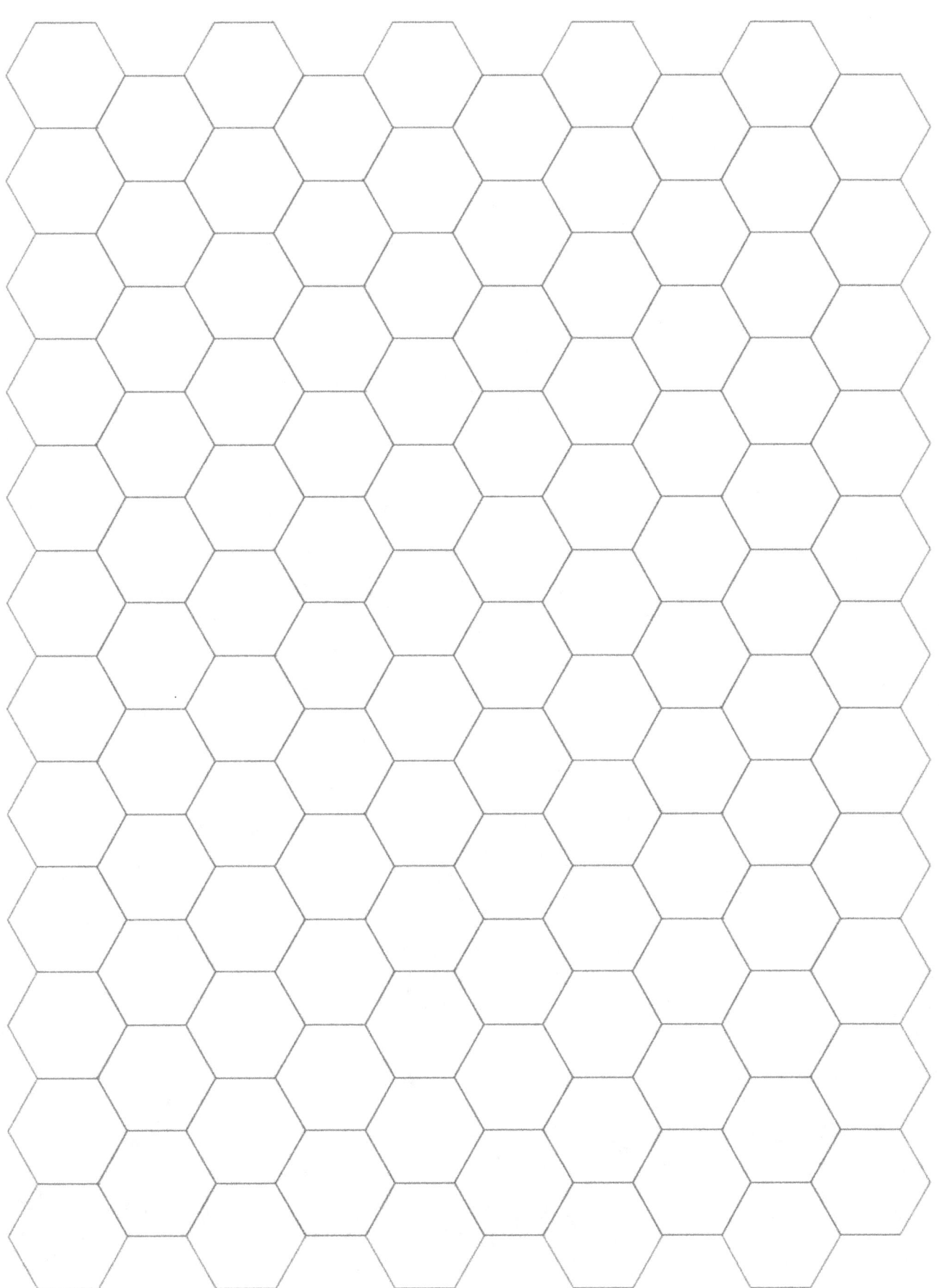

Color Test Page

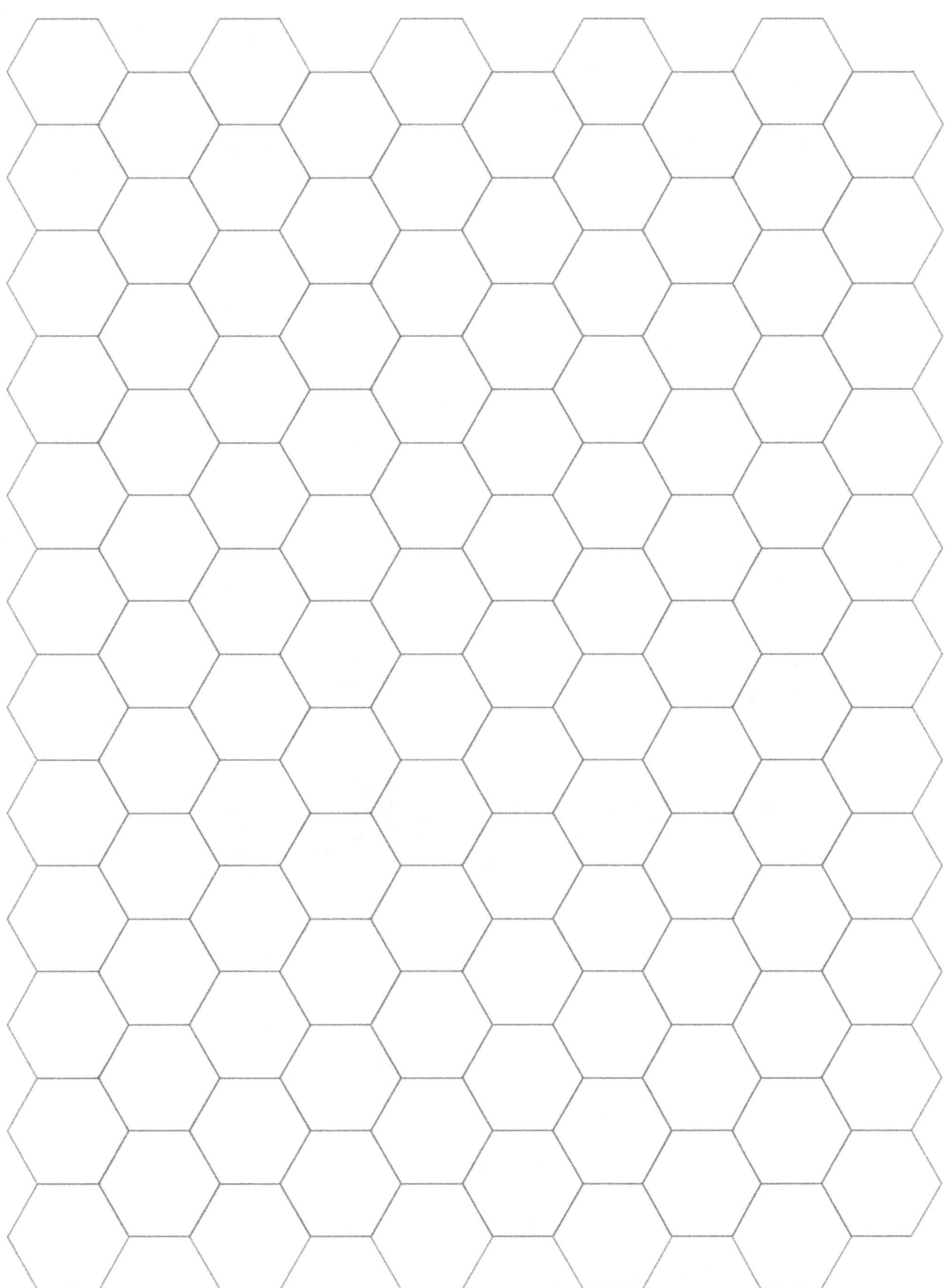

Color Test Page

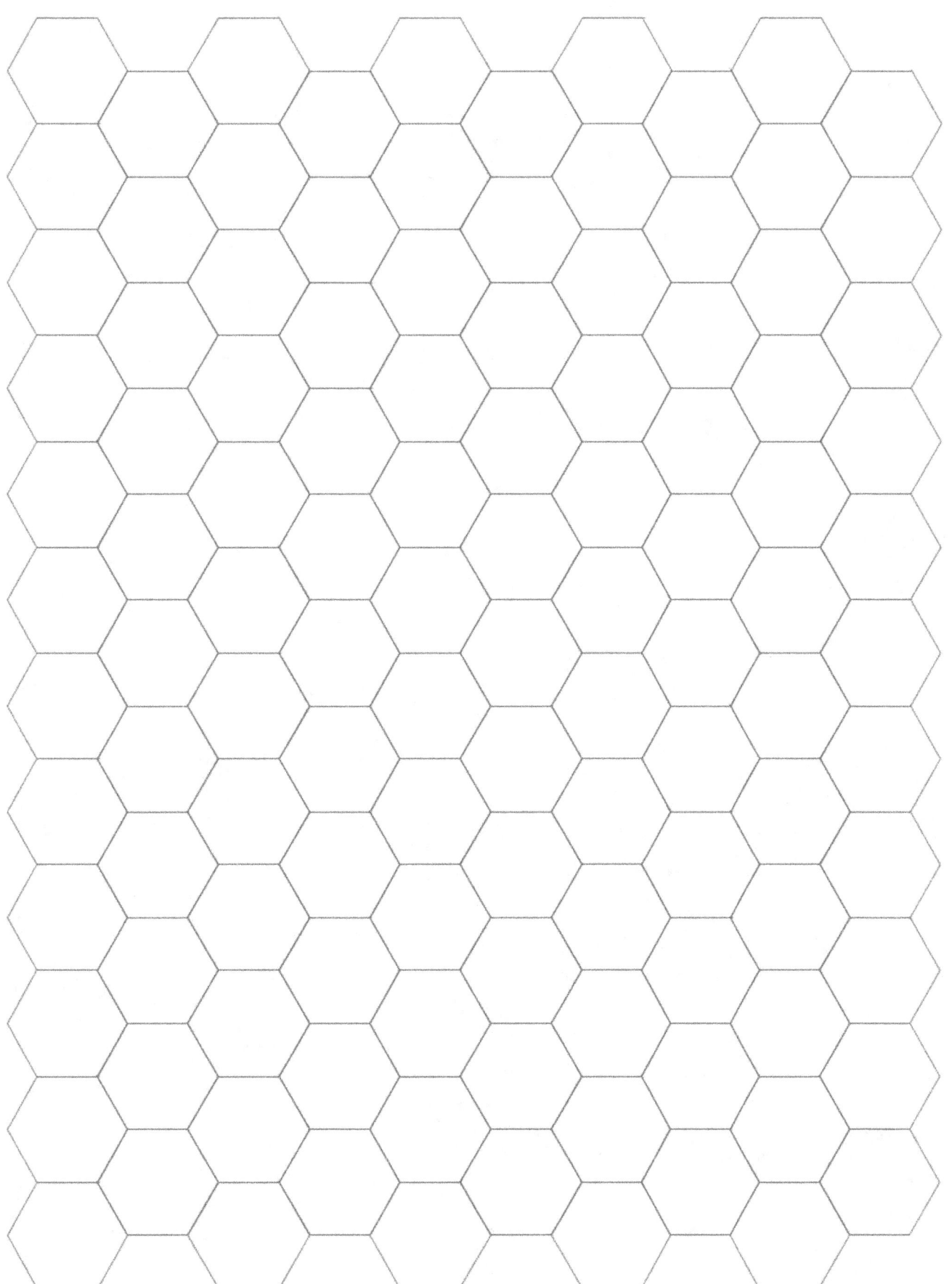

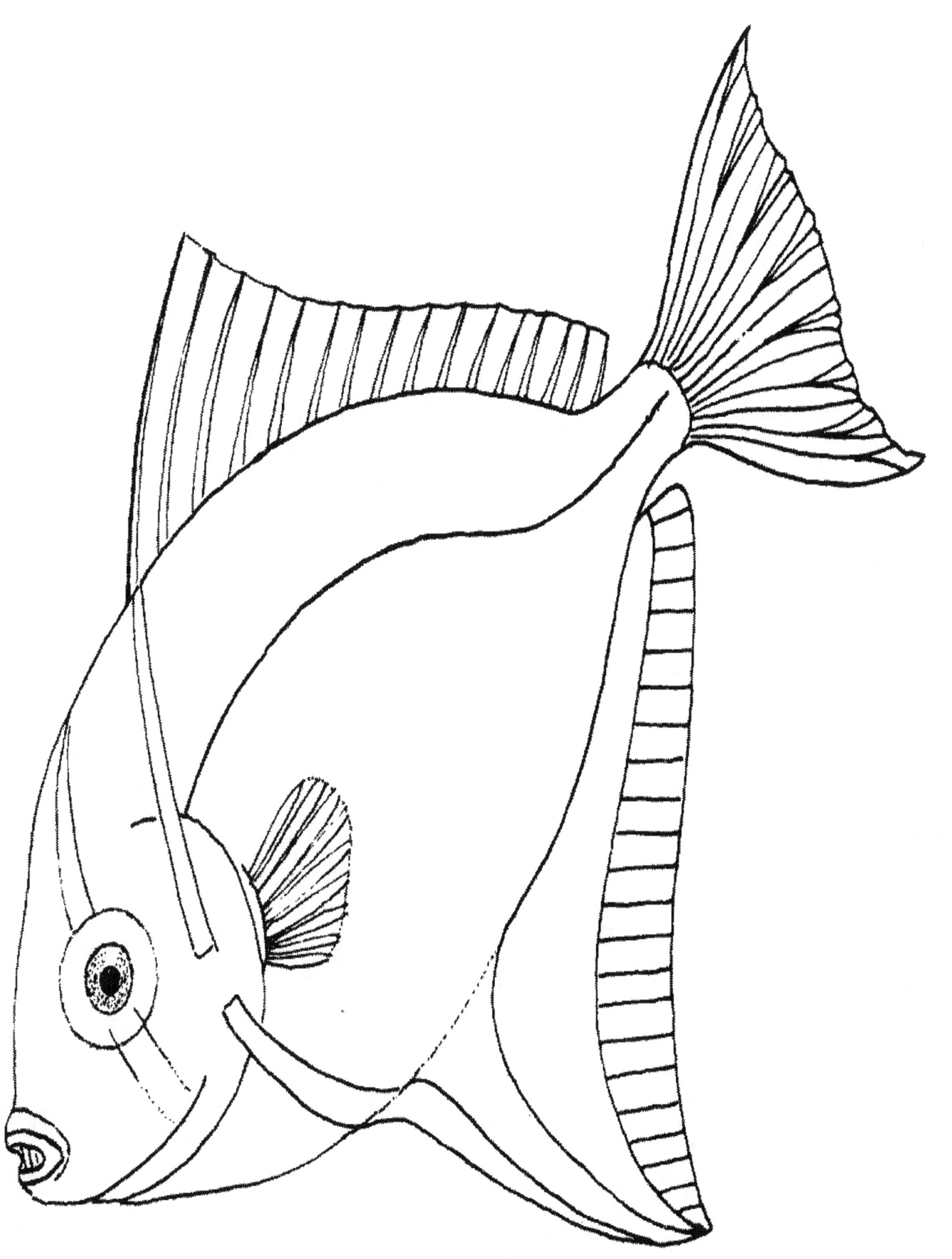

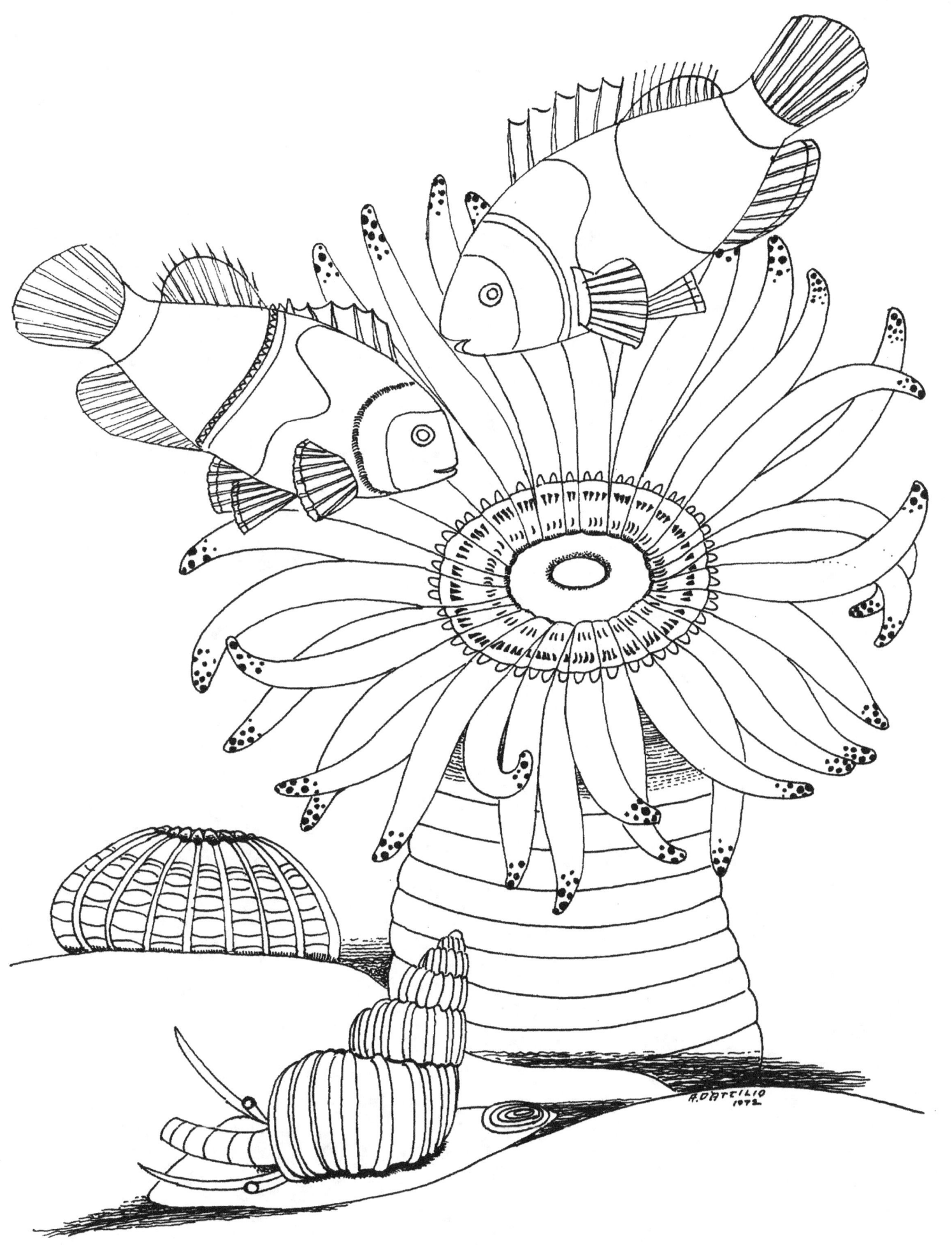

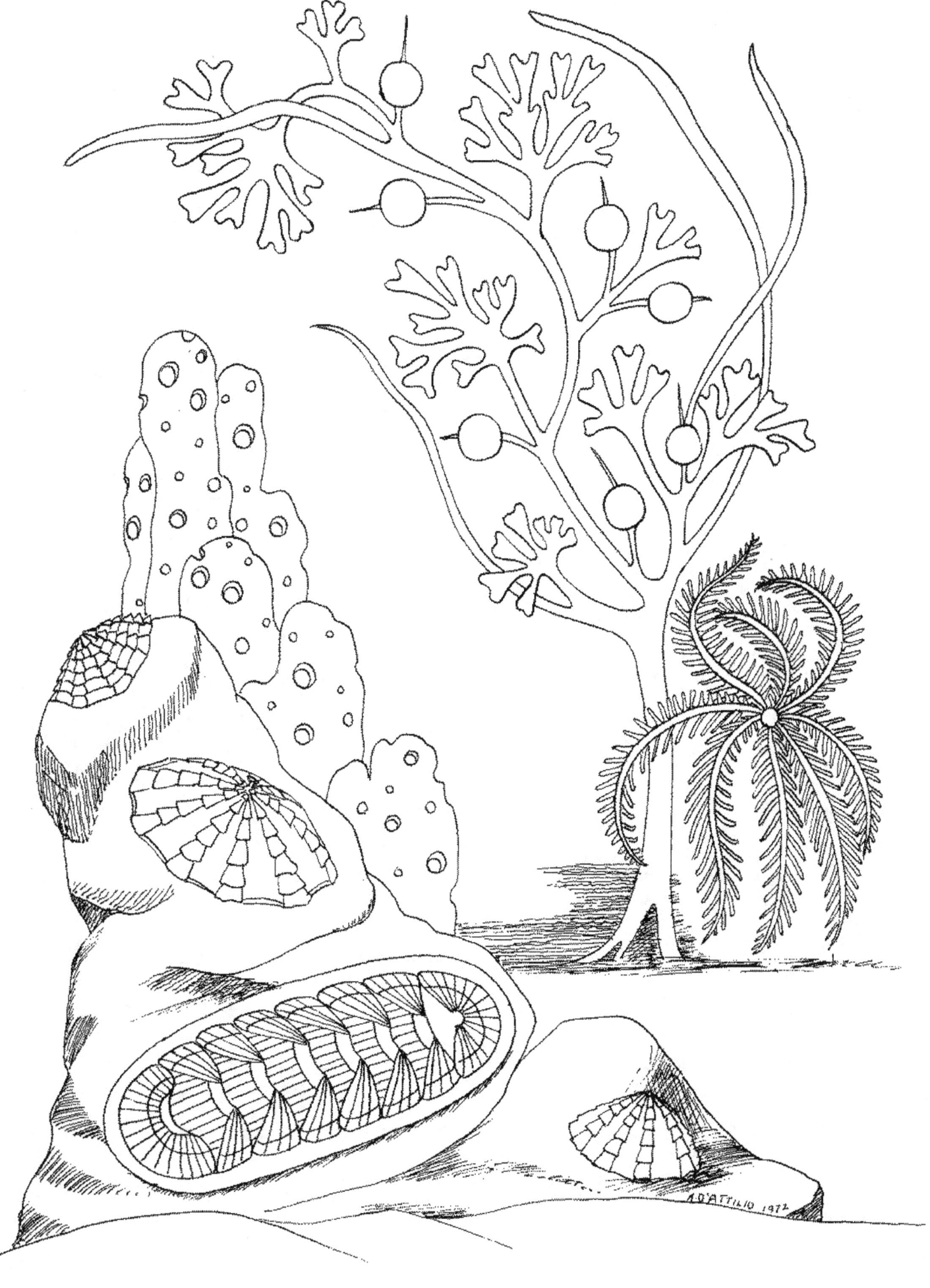

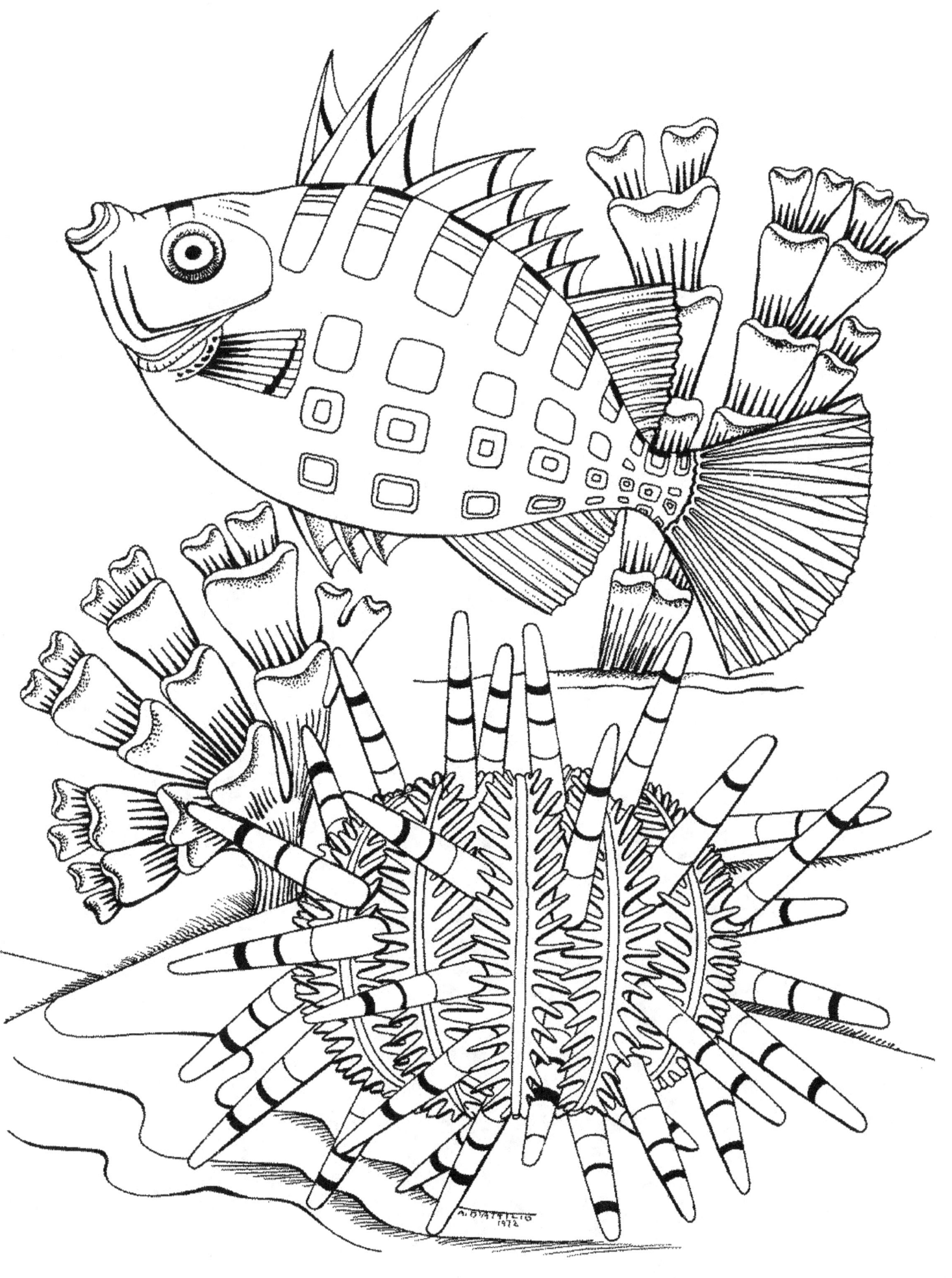

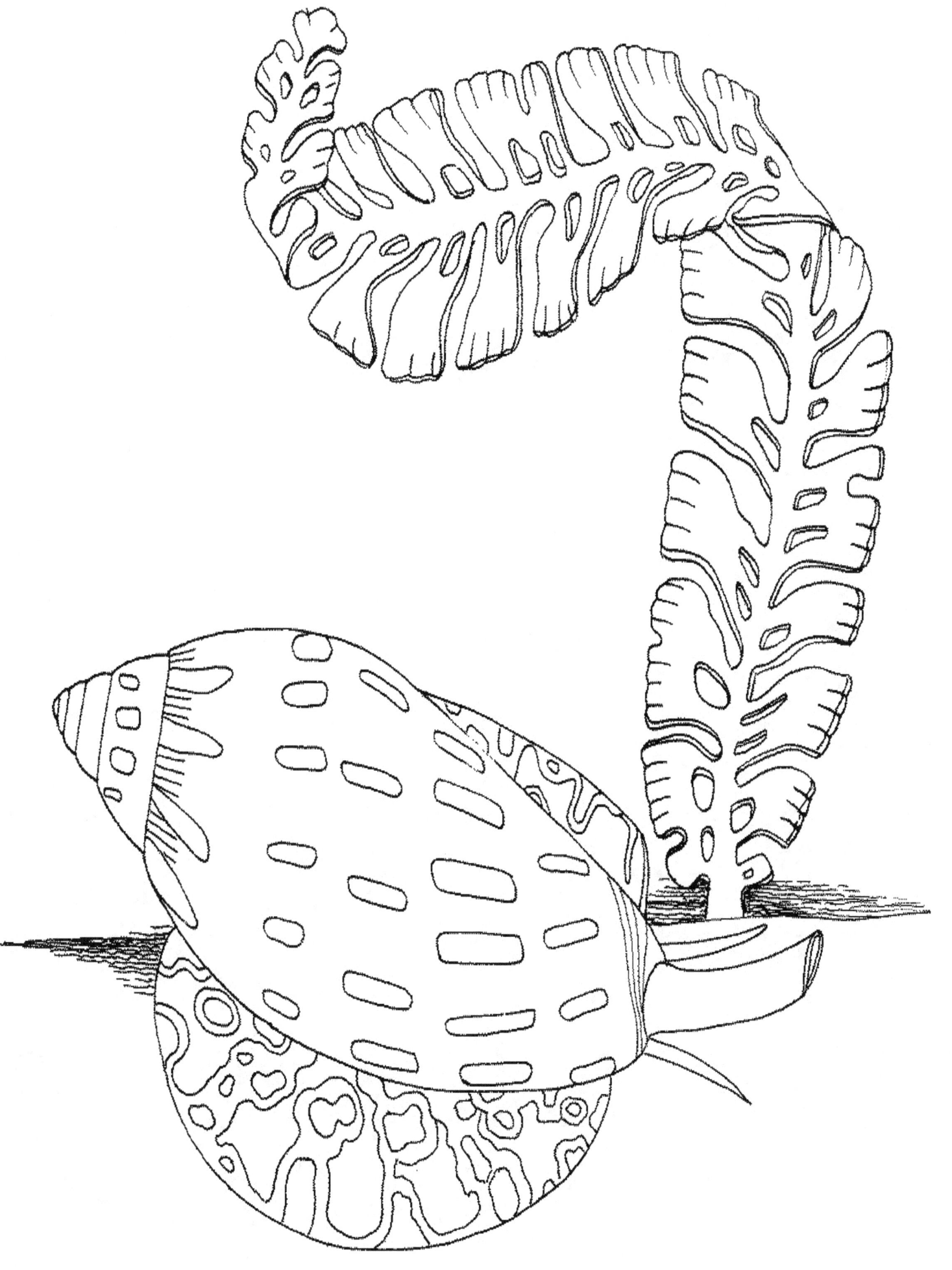

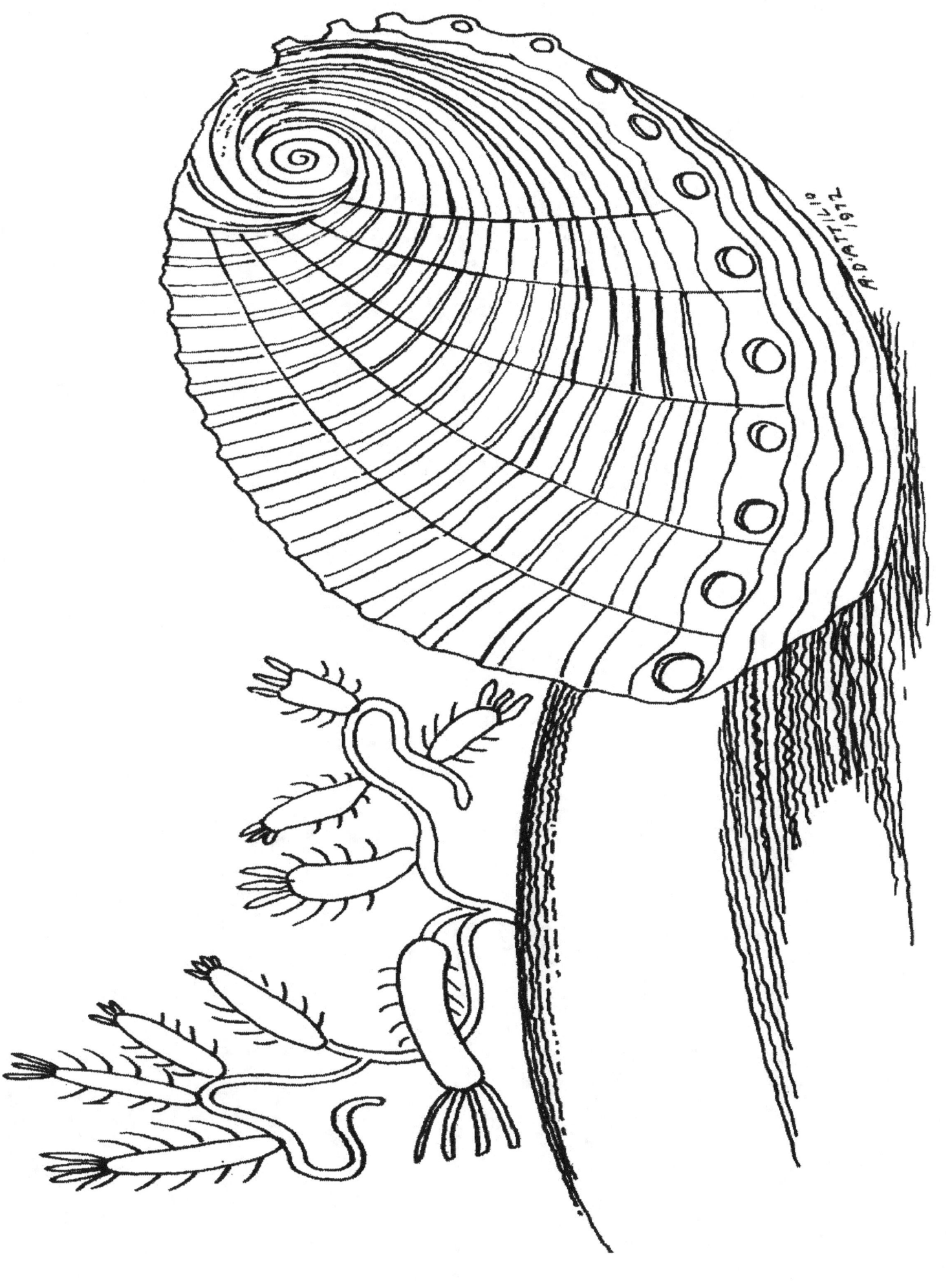

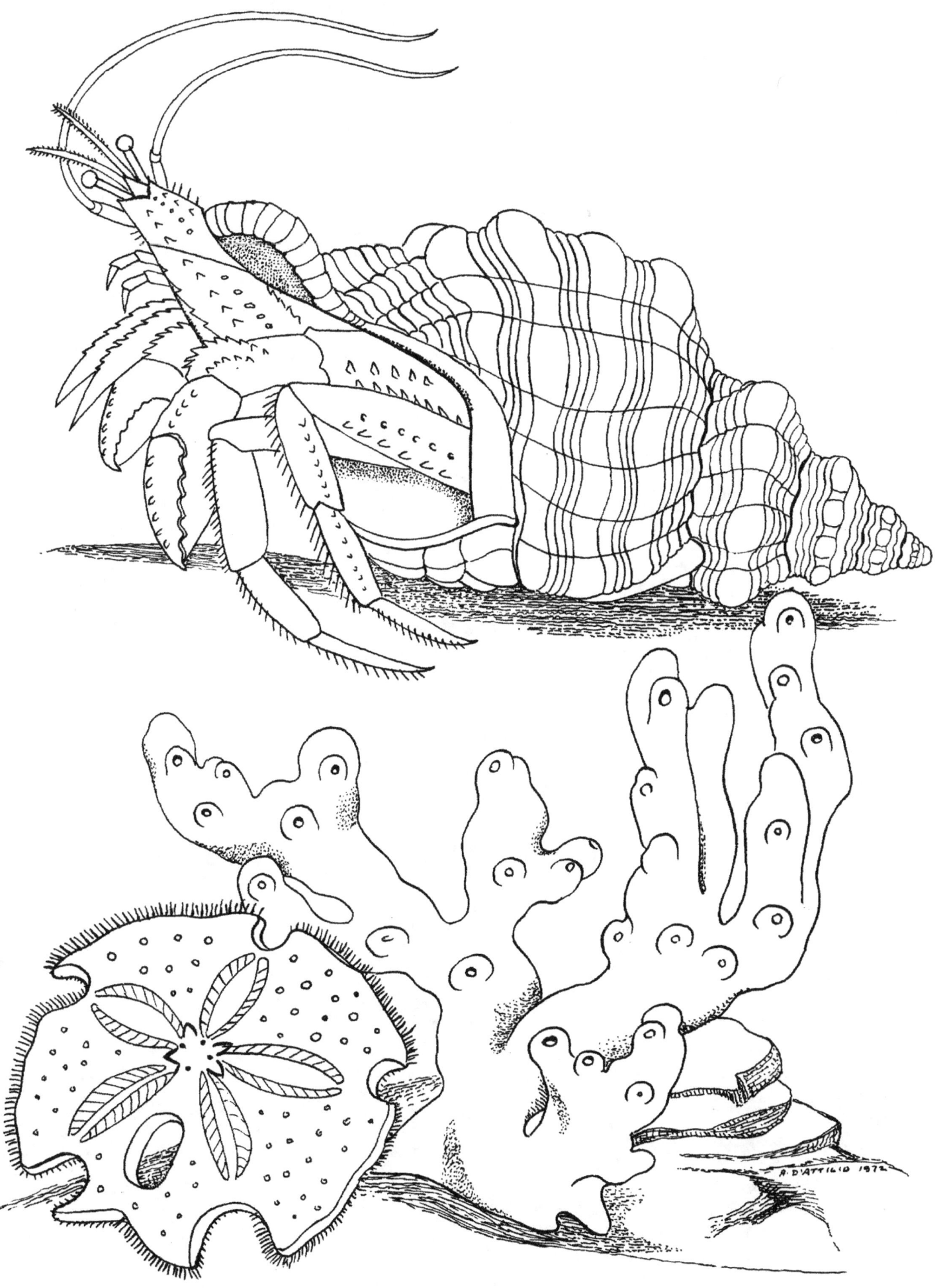

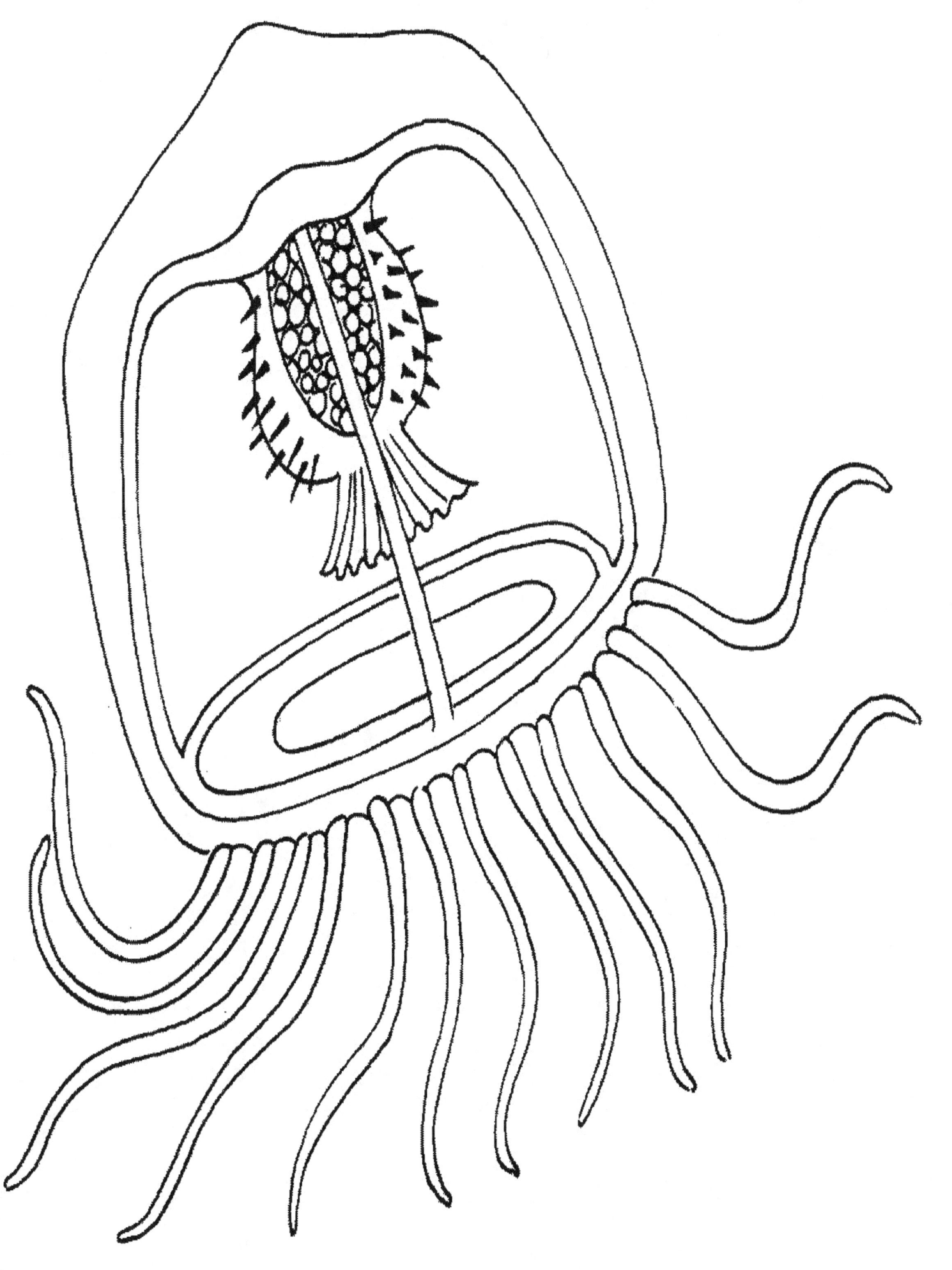

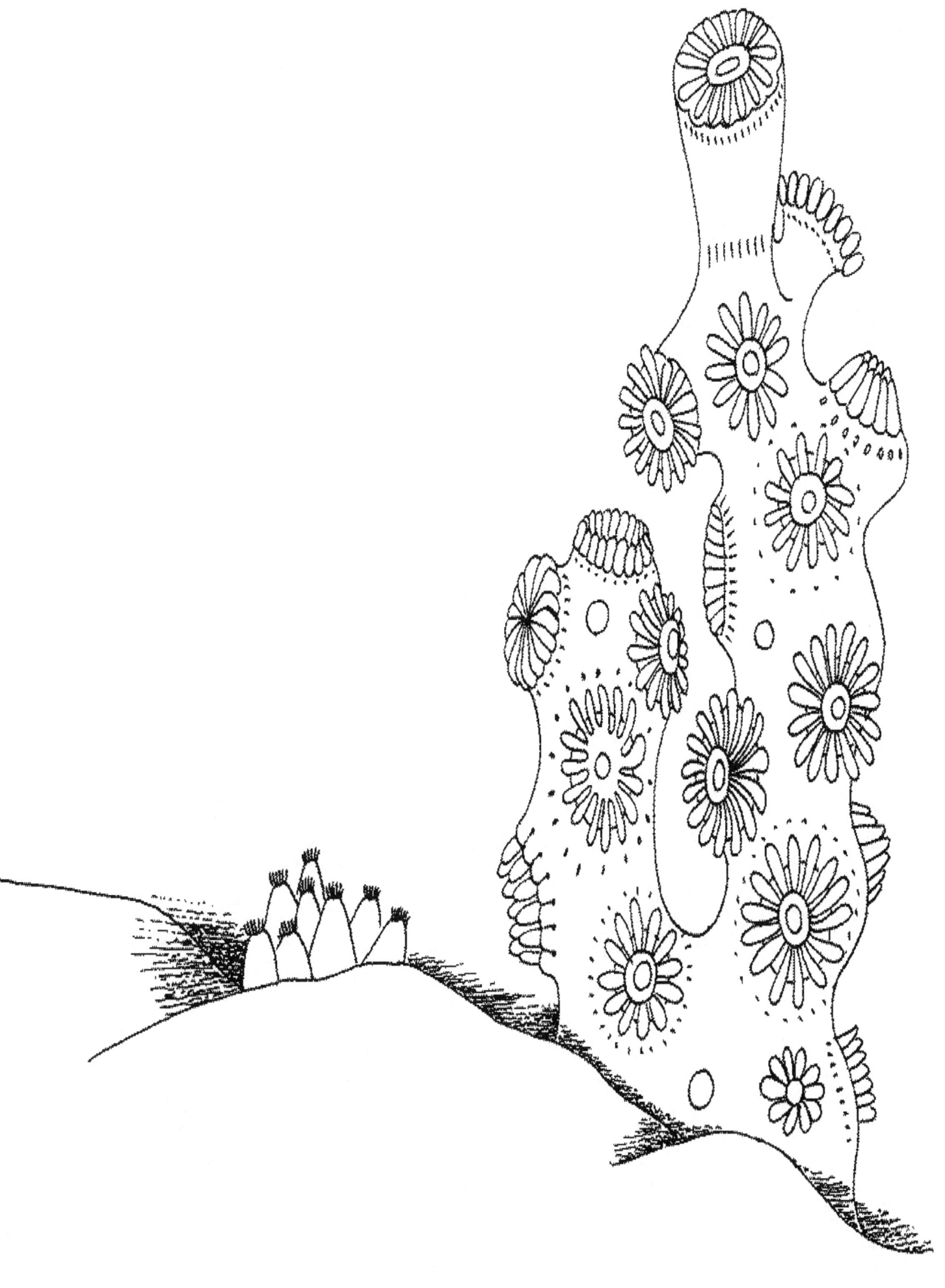

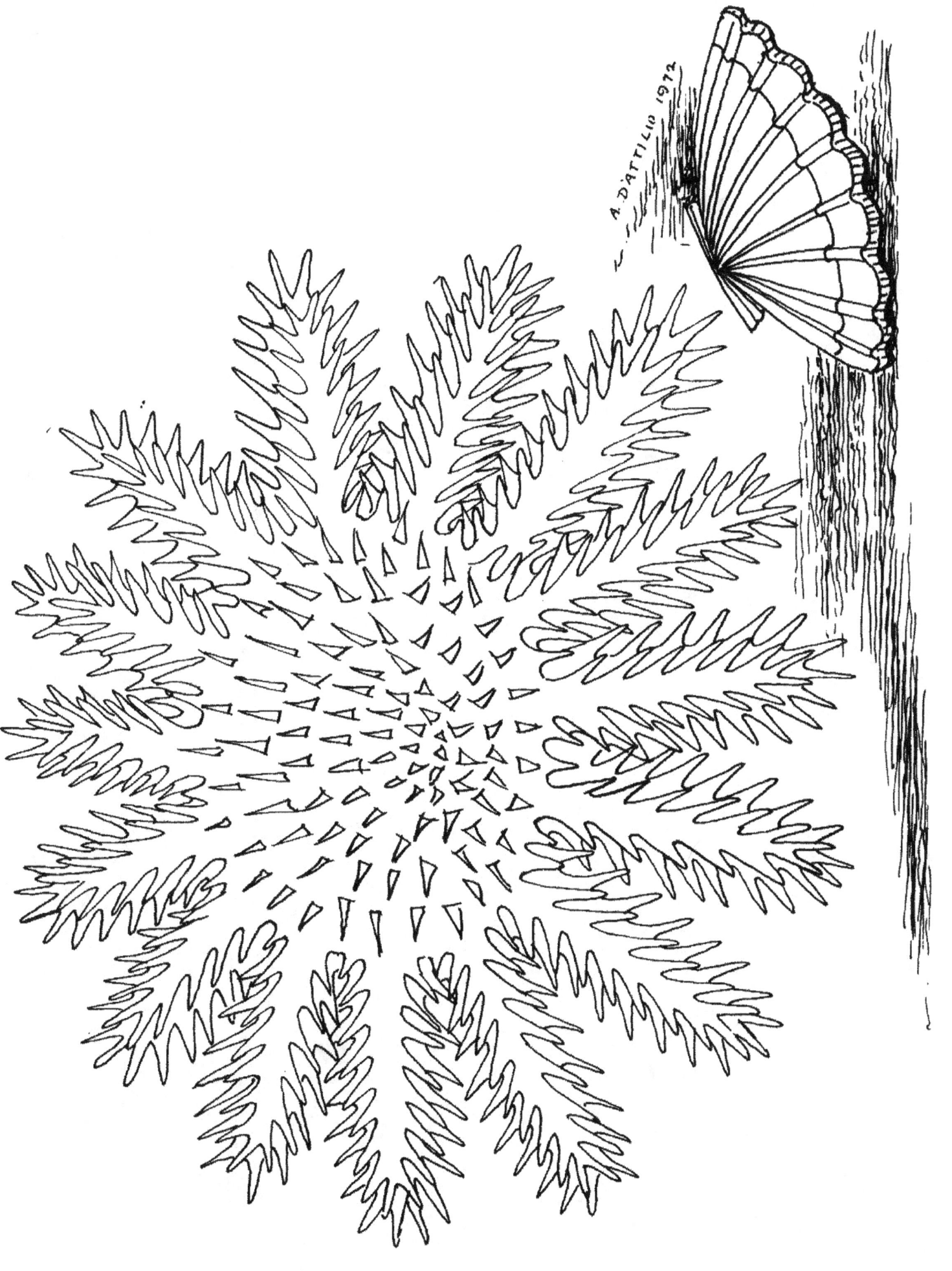

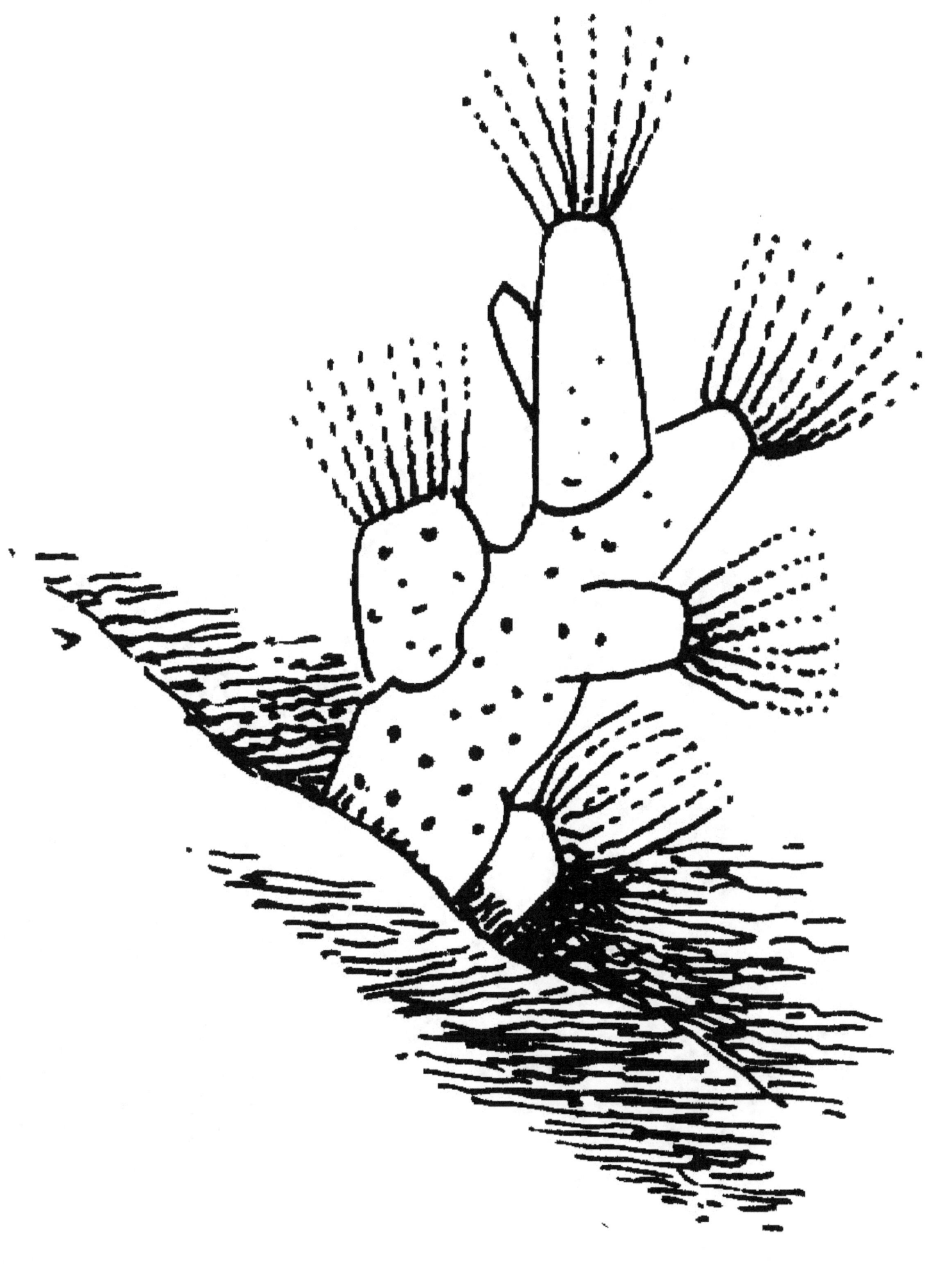

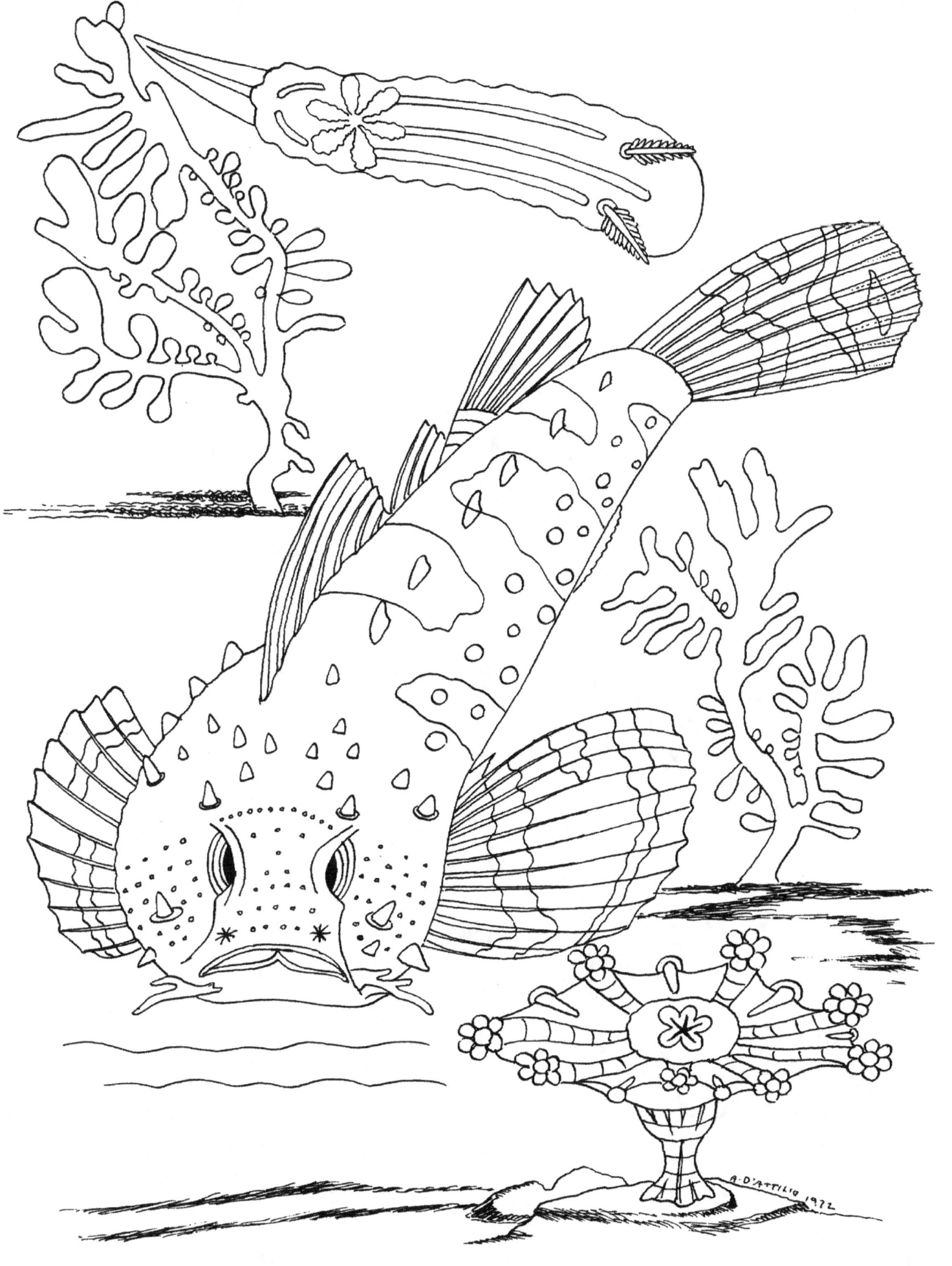

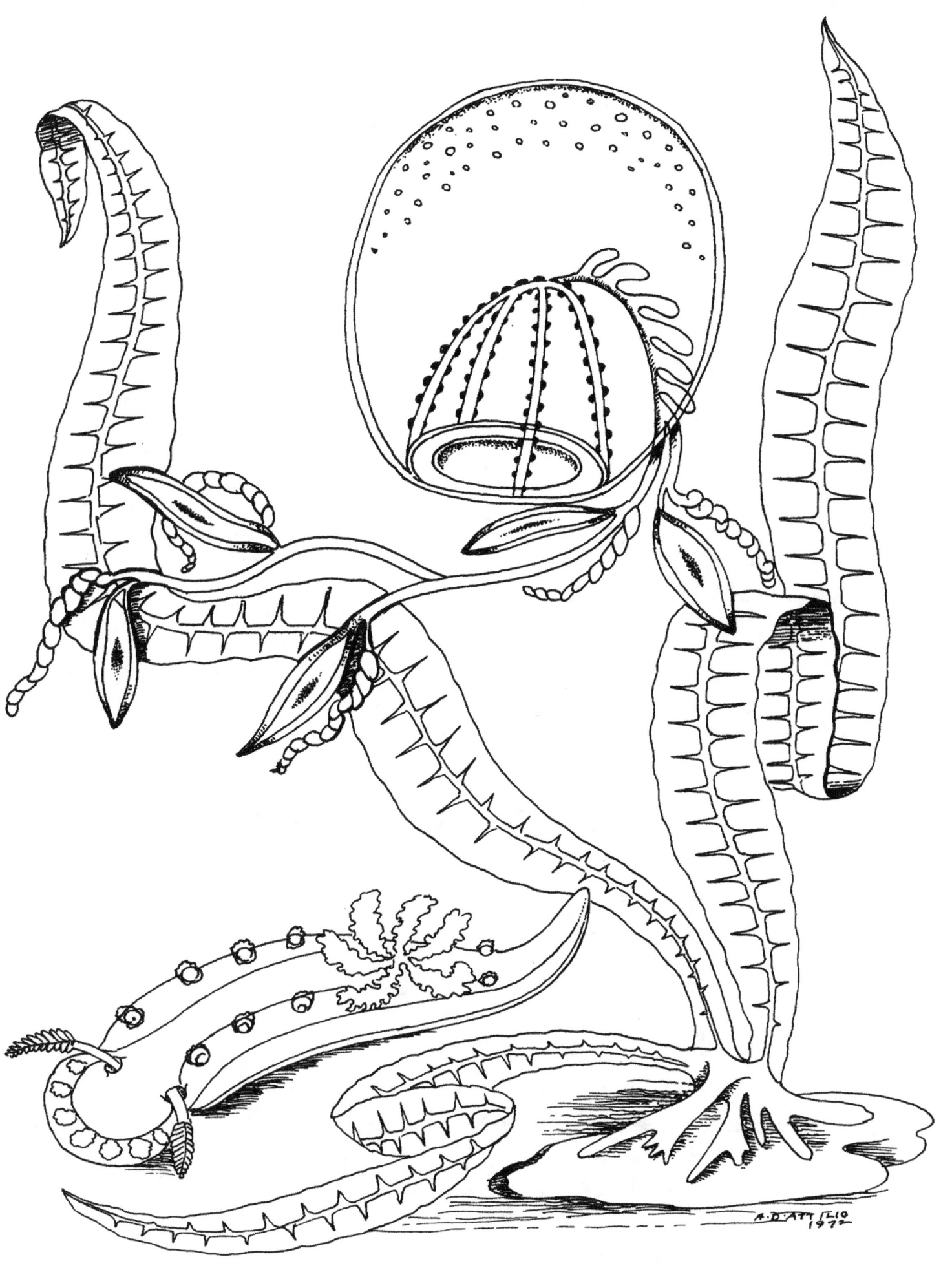

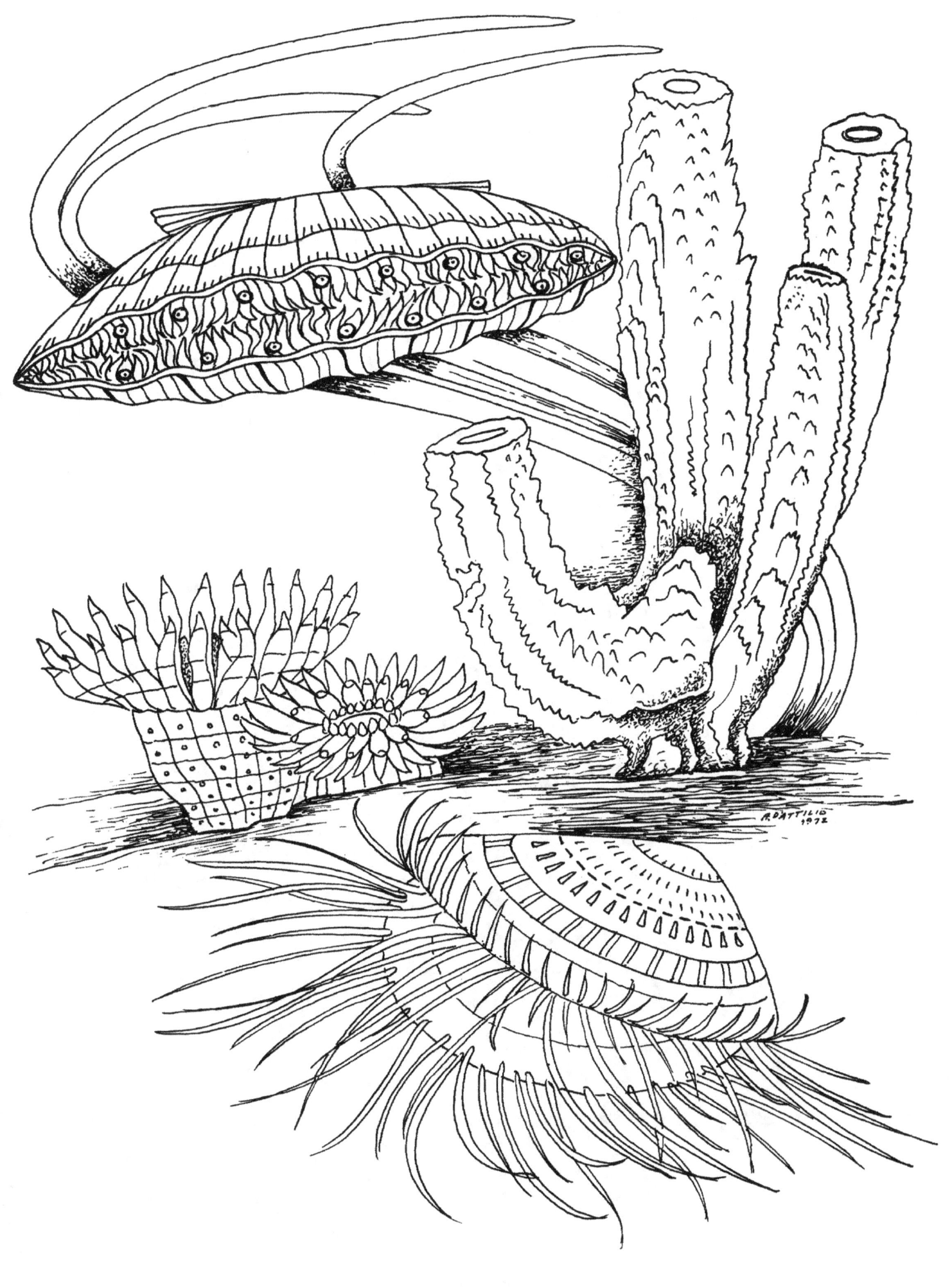

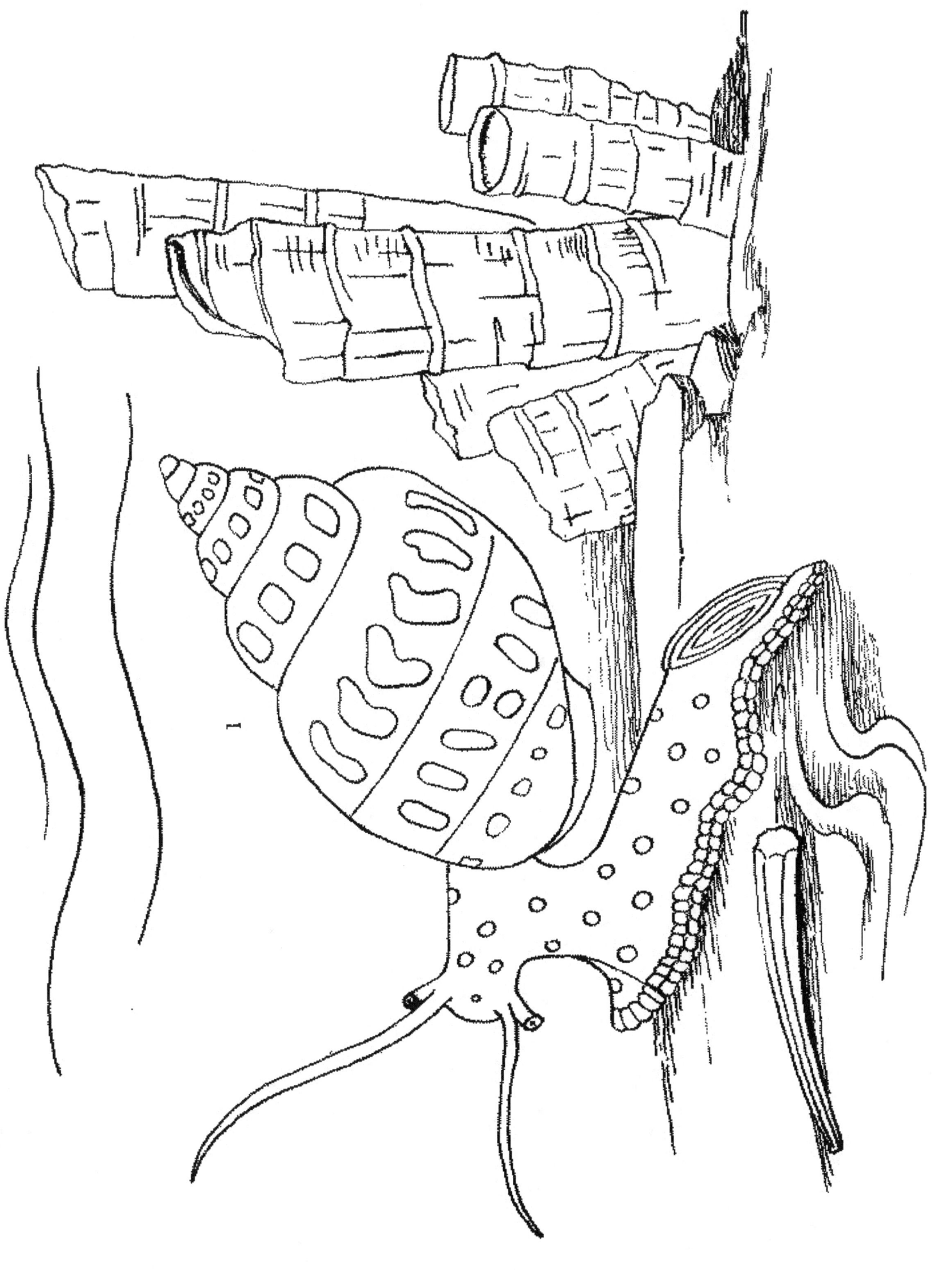

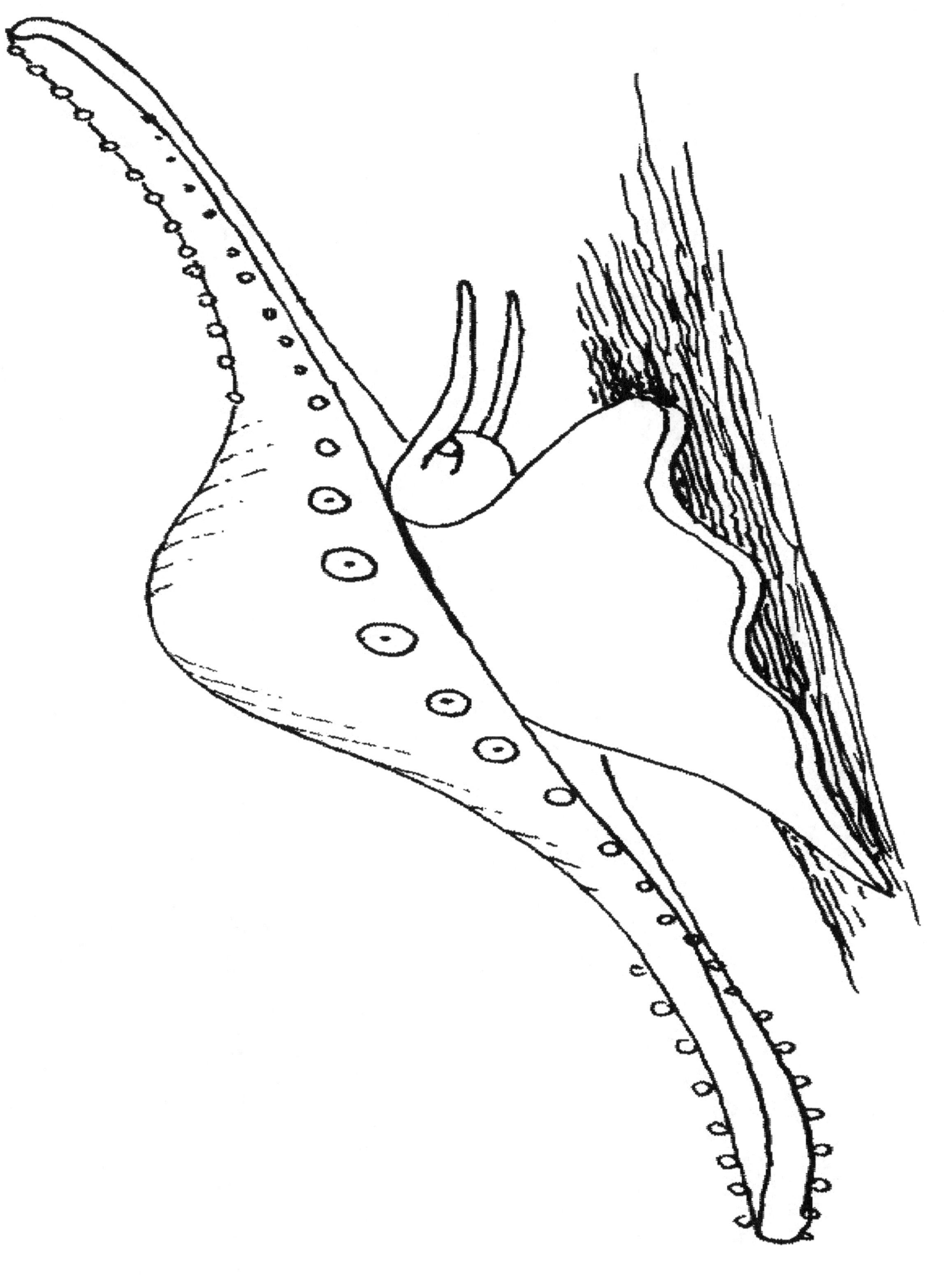

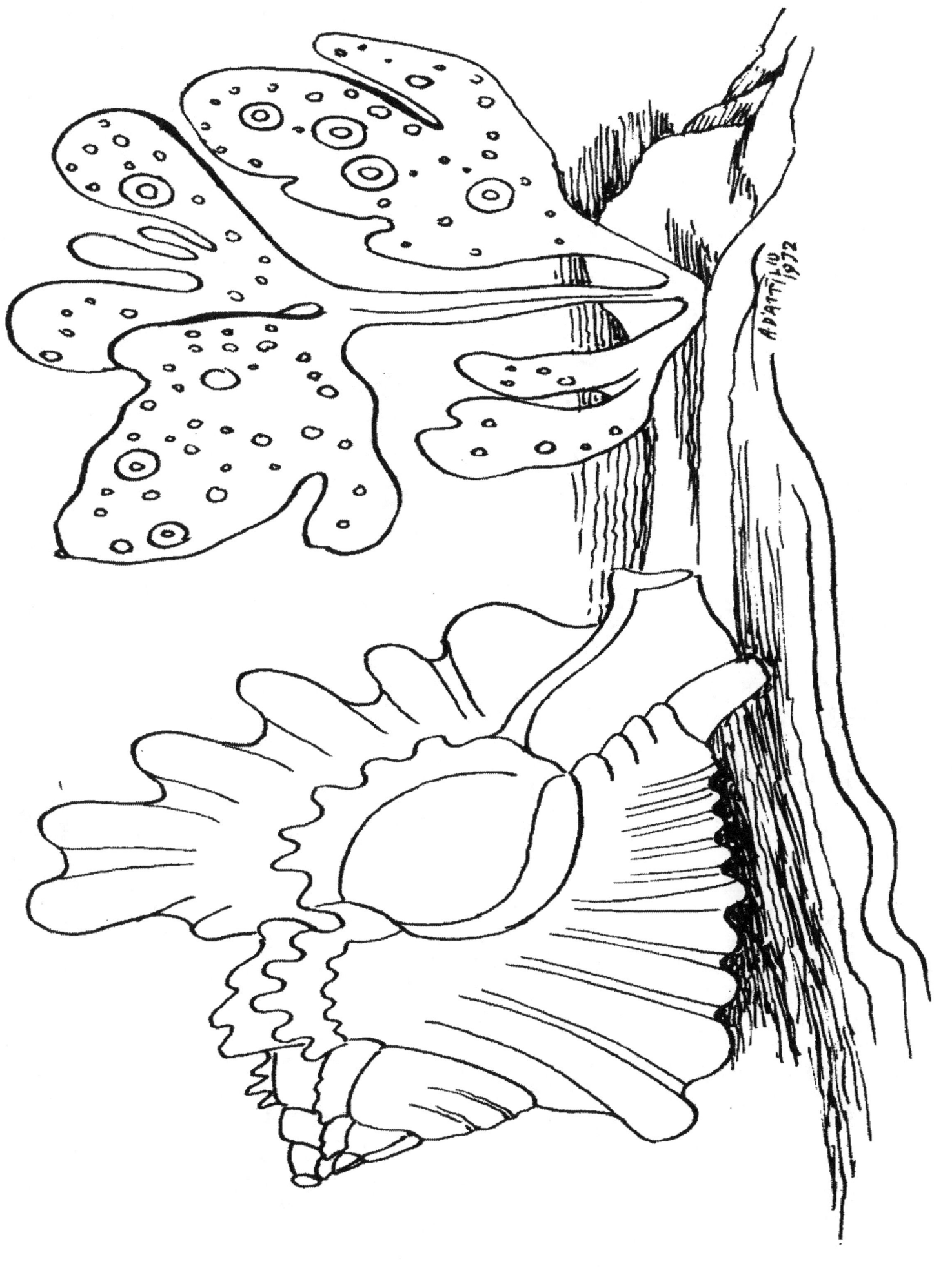

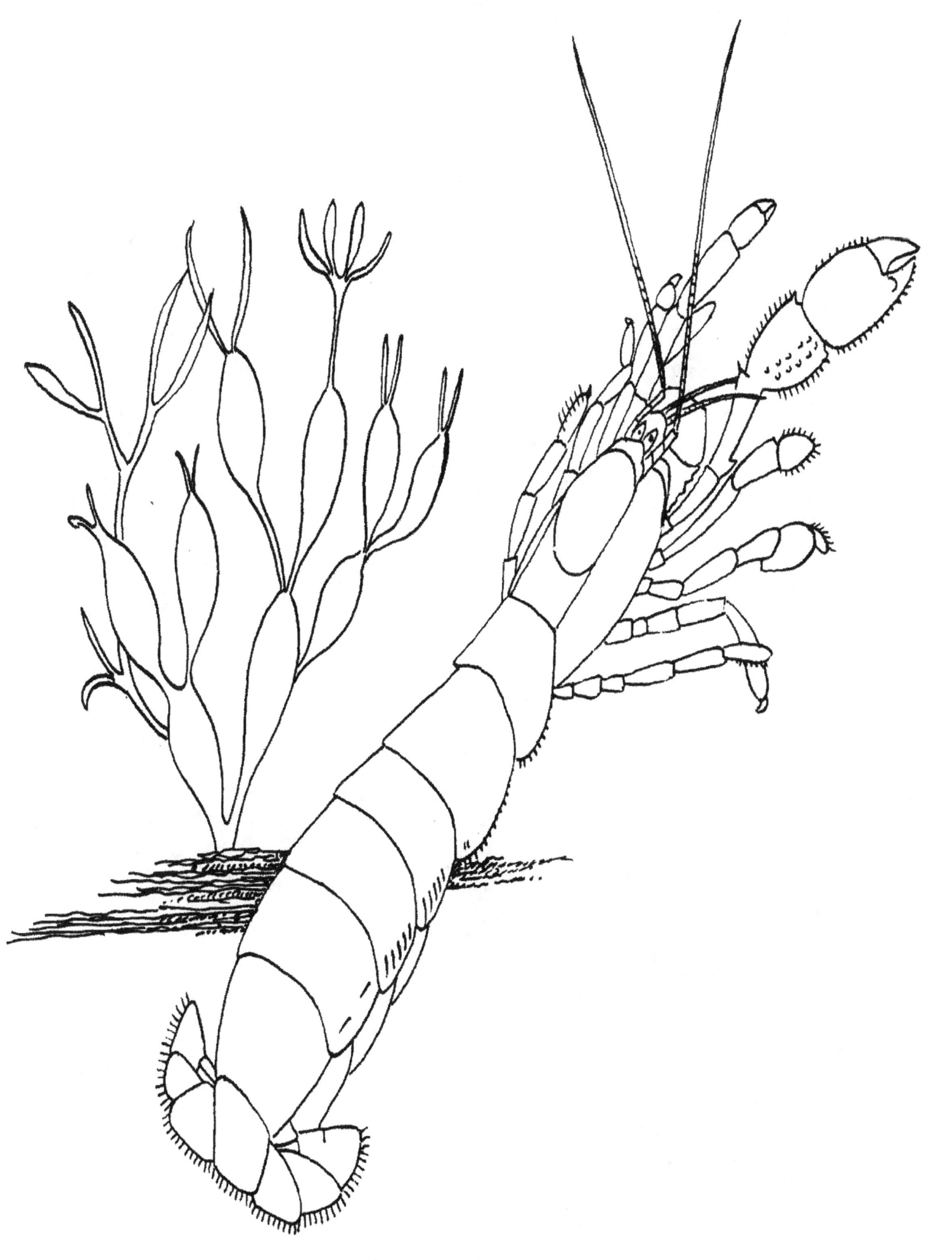

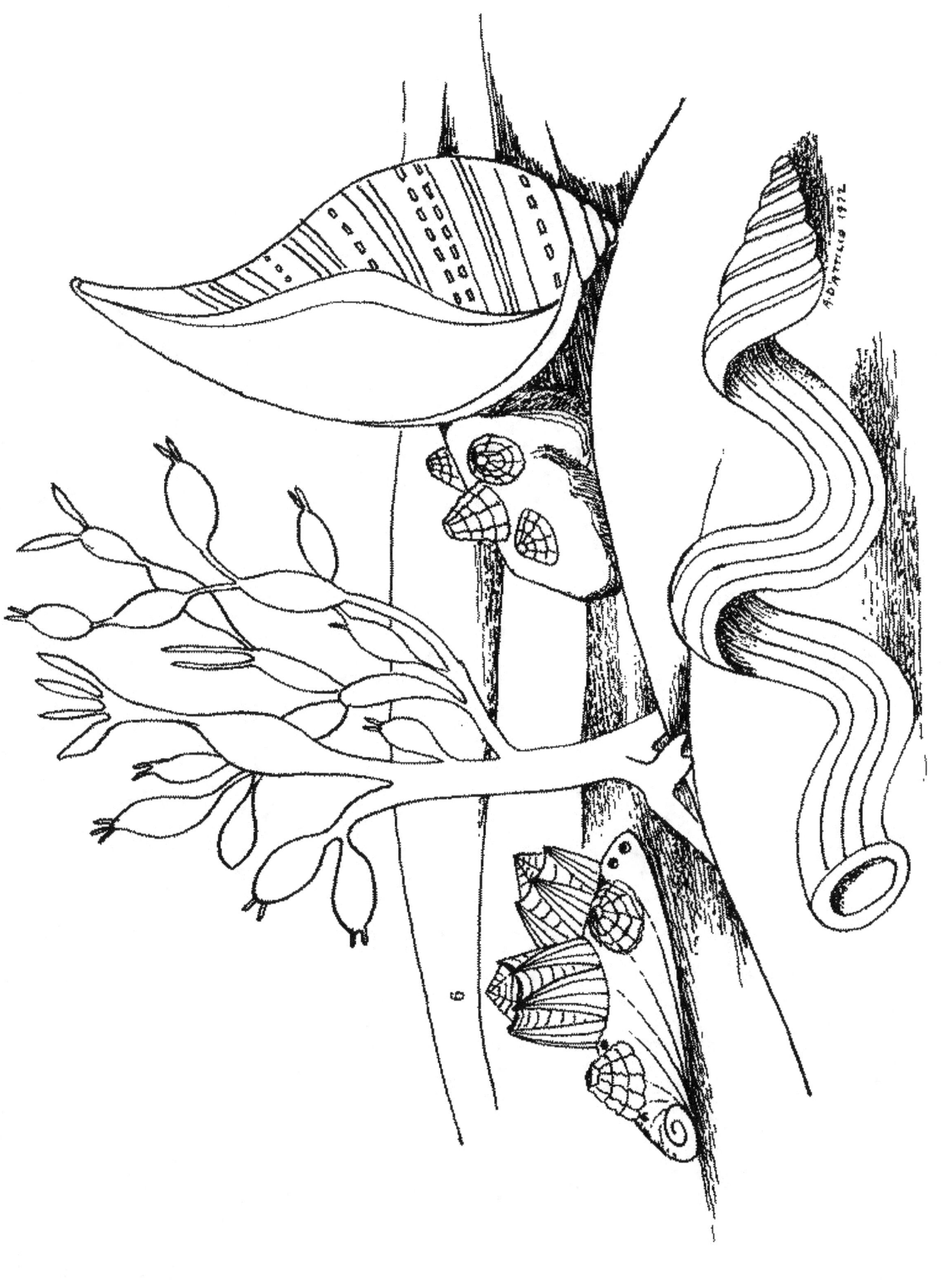

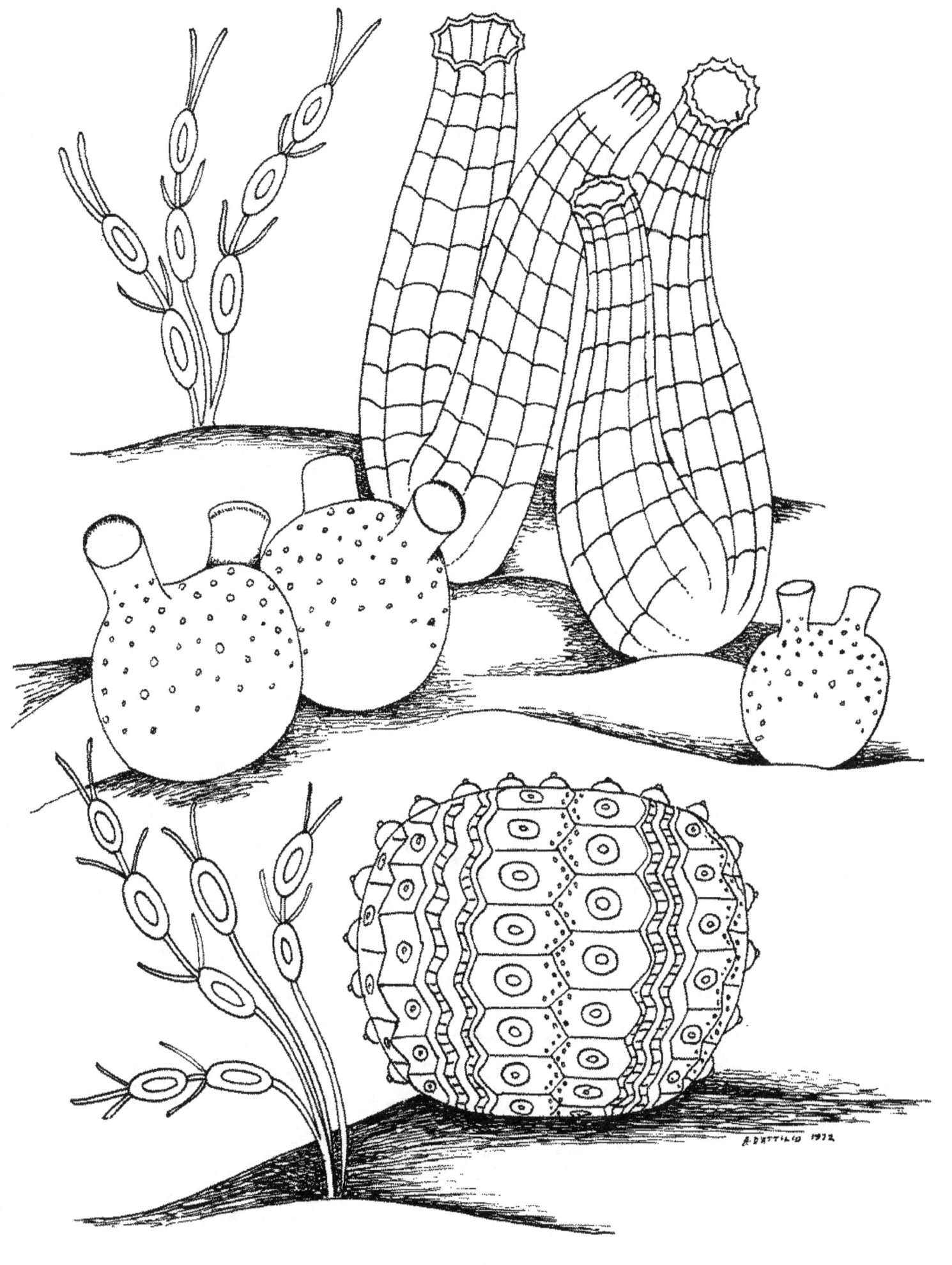

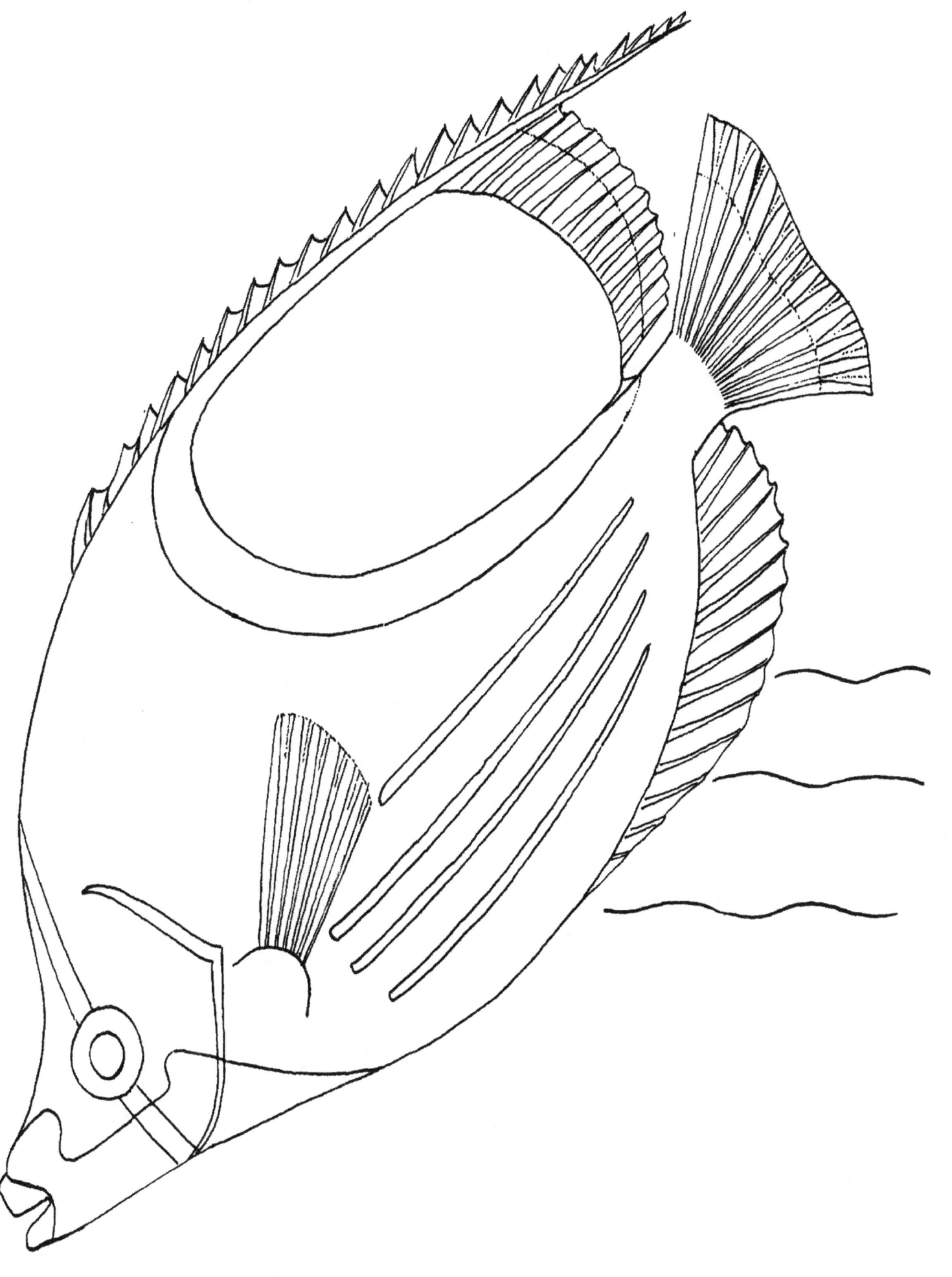

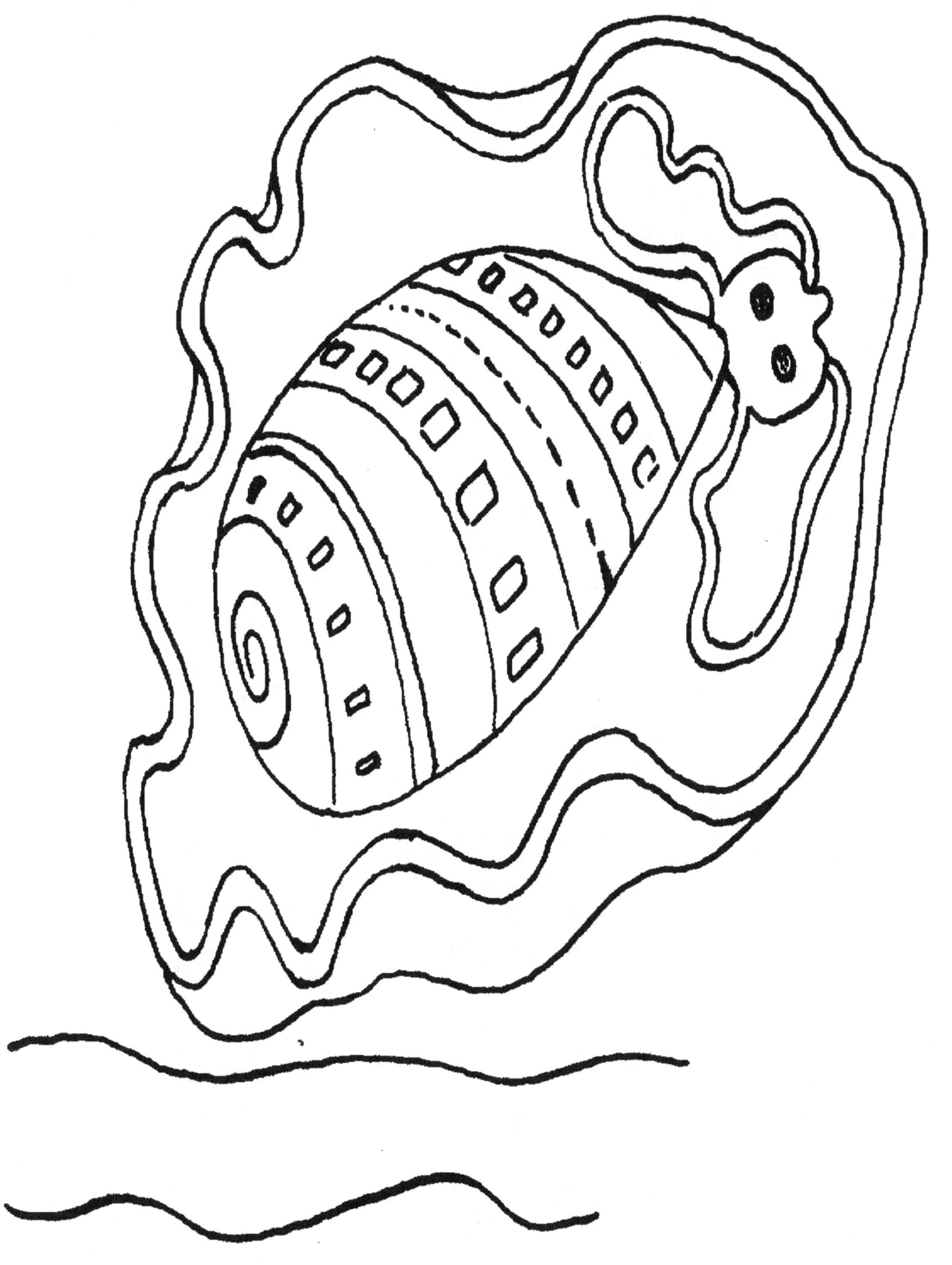

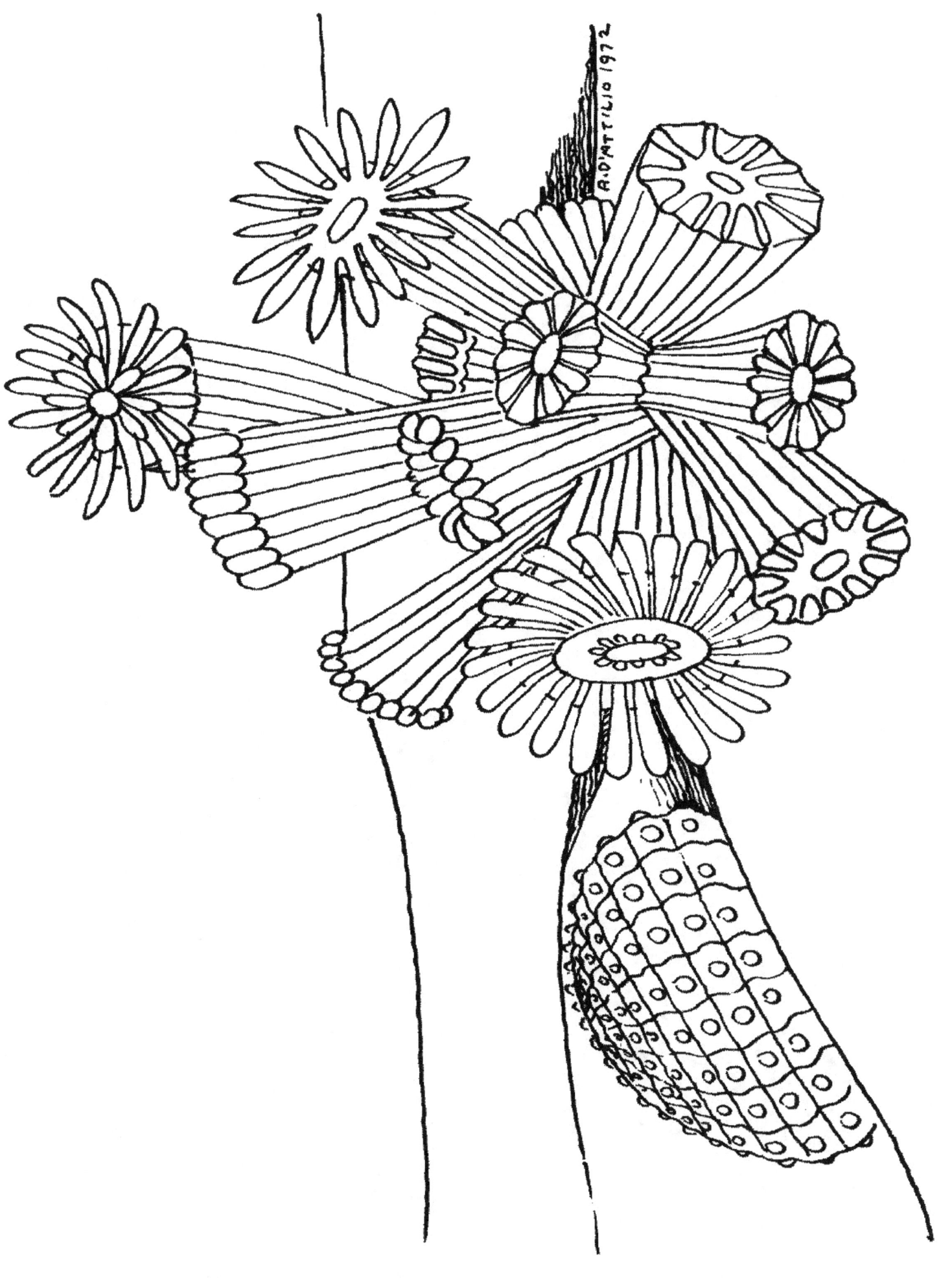

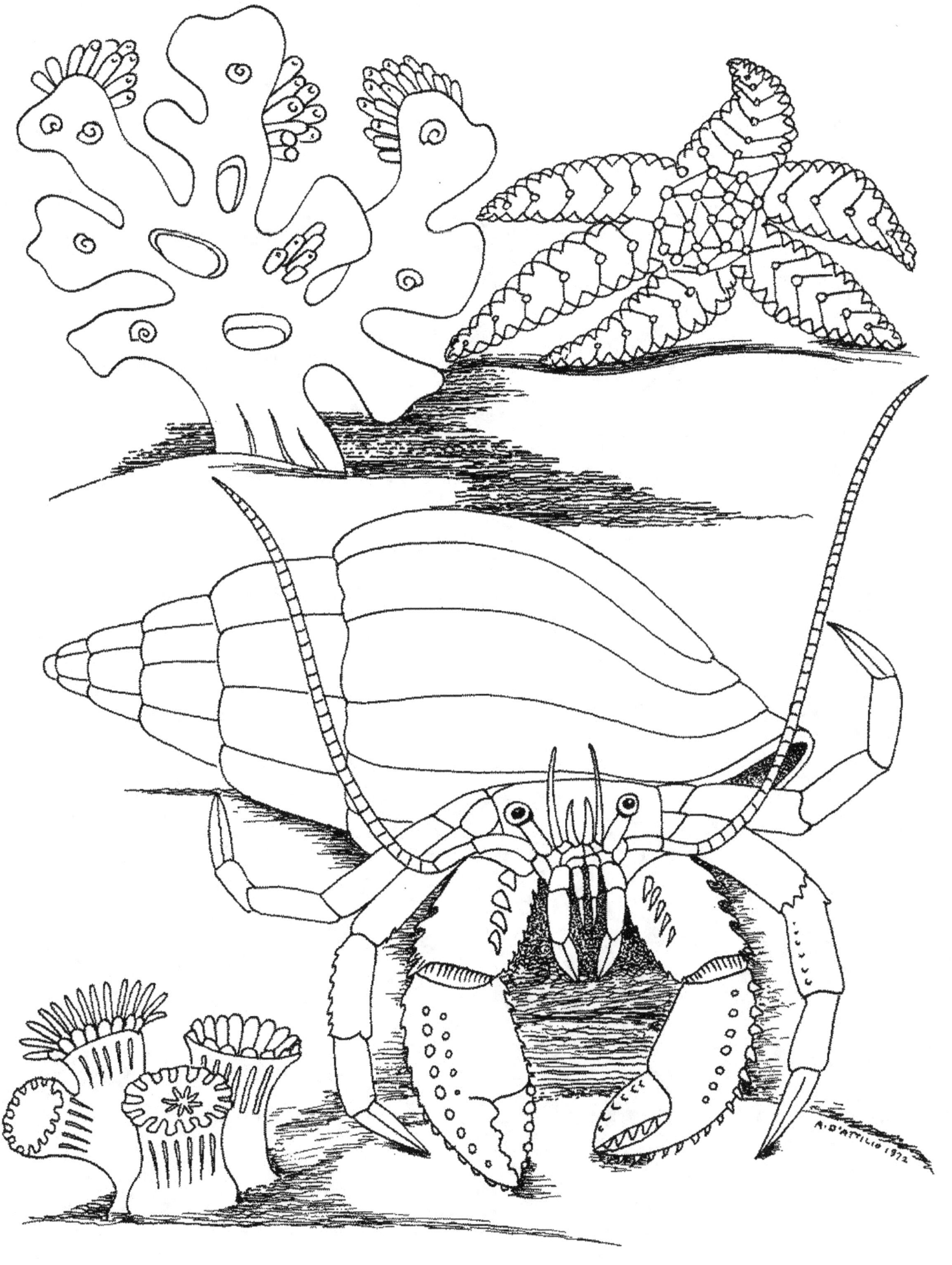

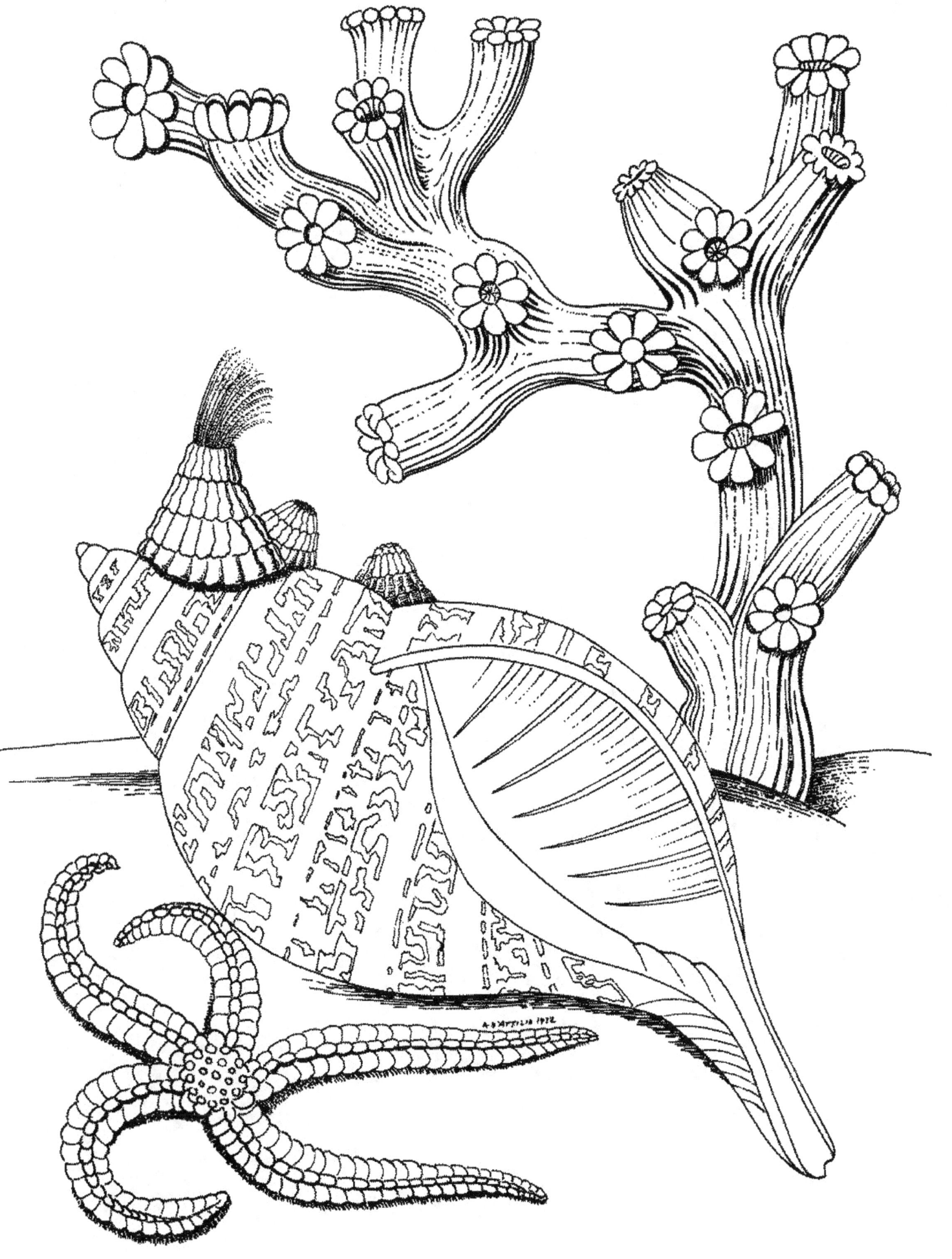

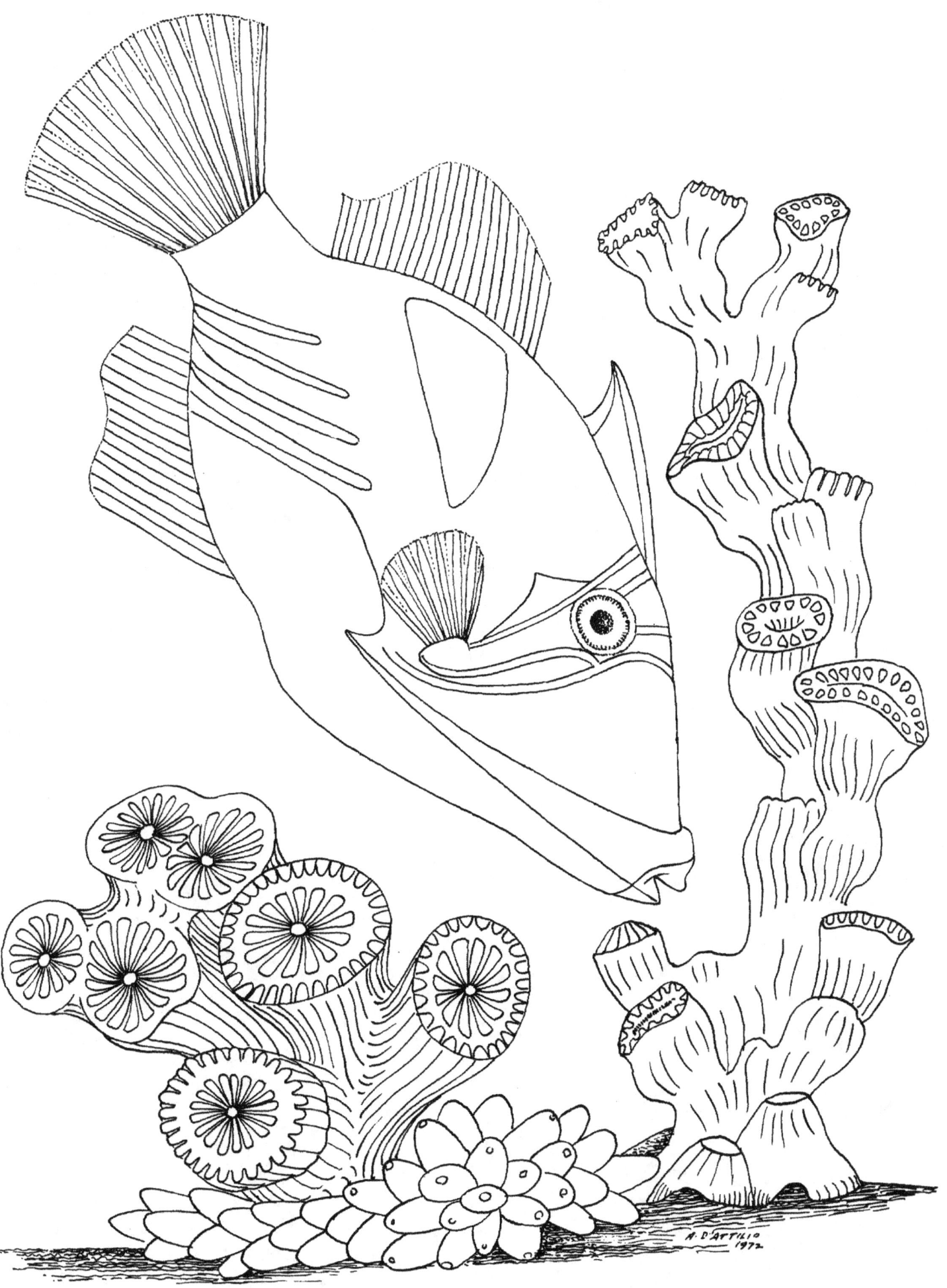

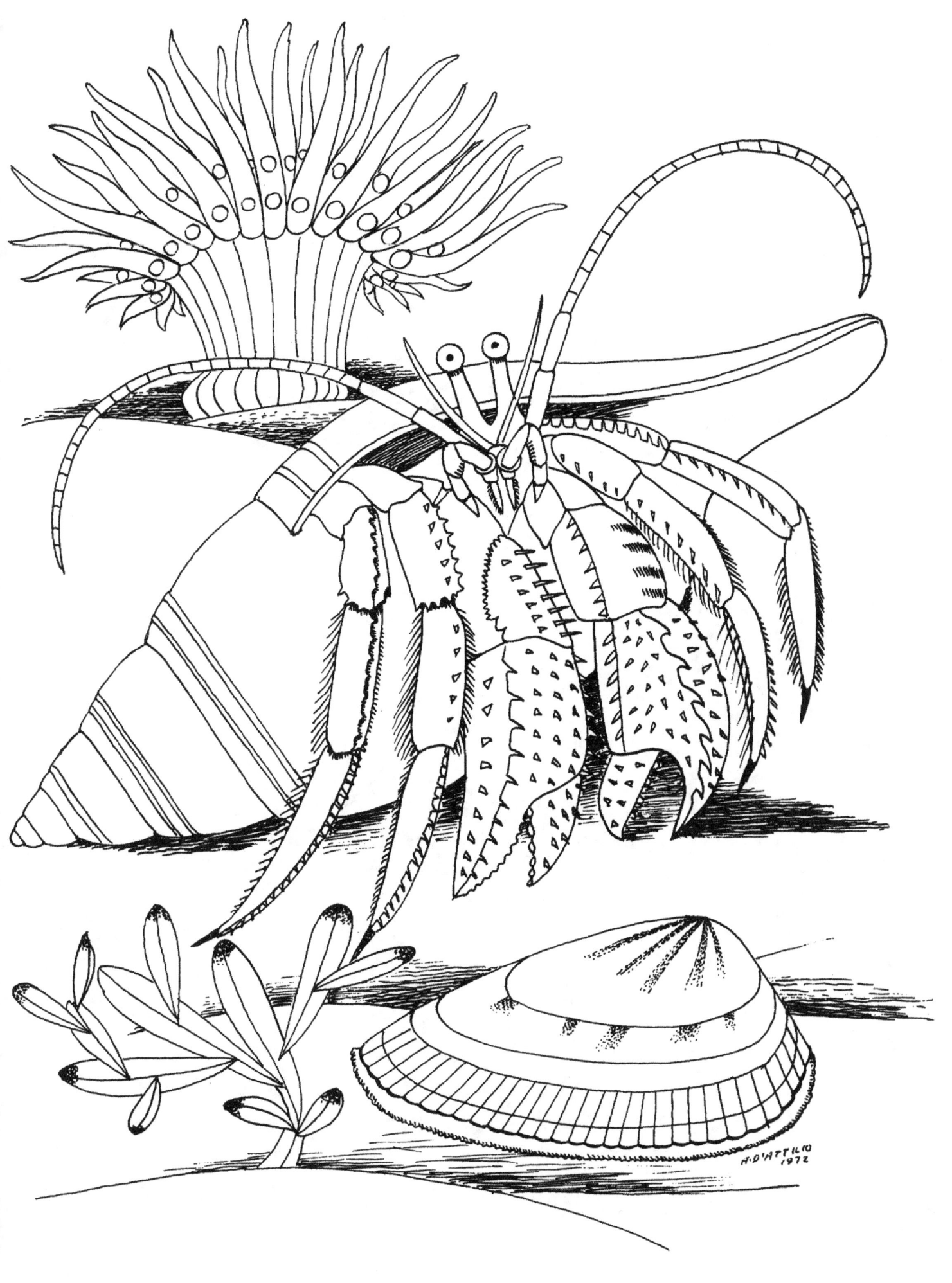

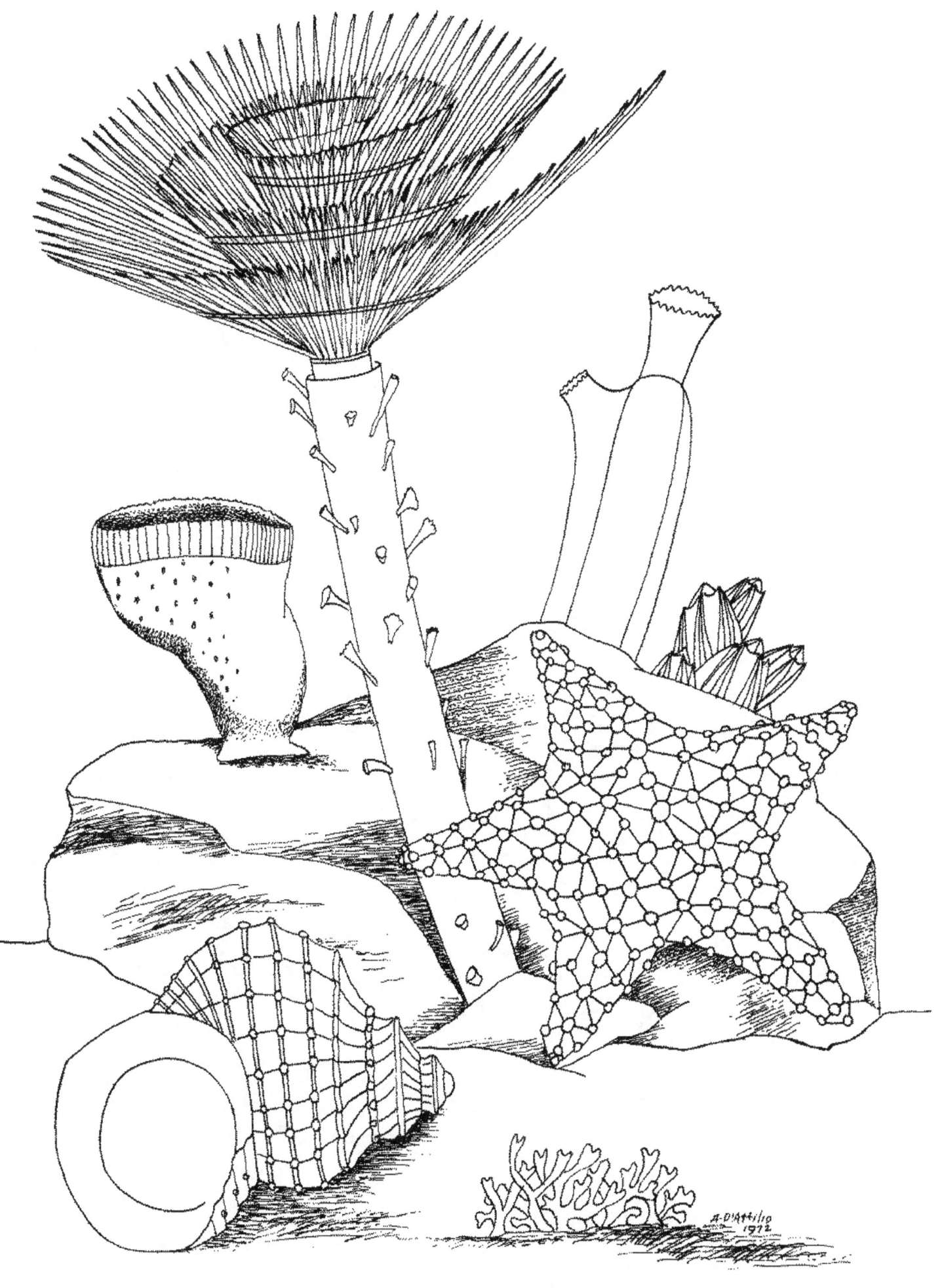

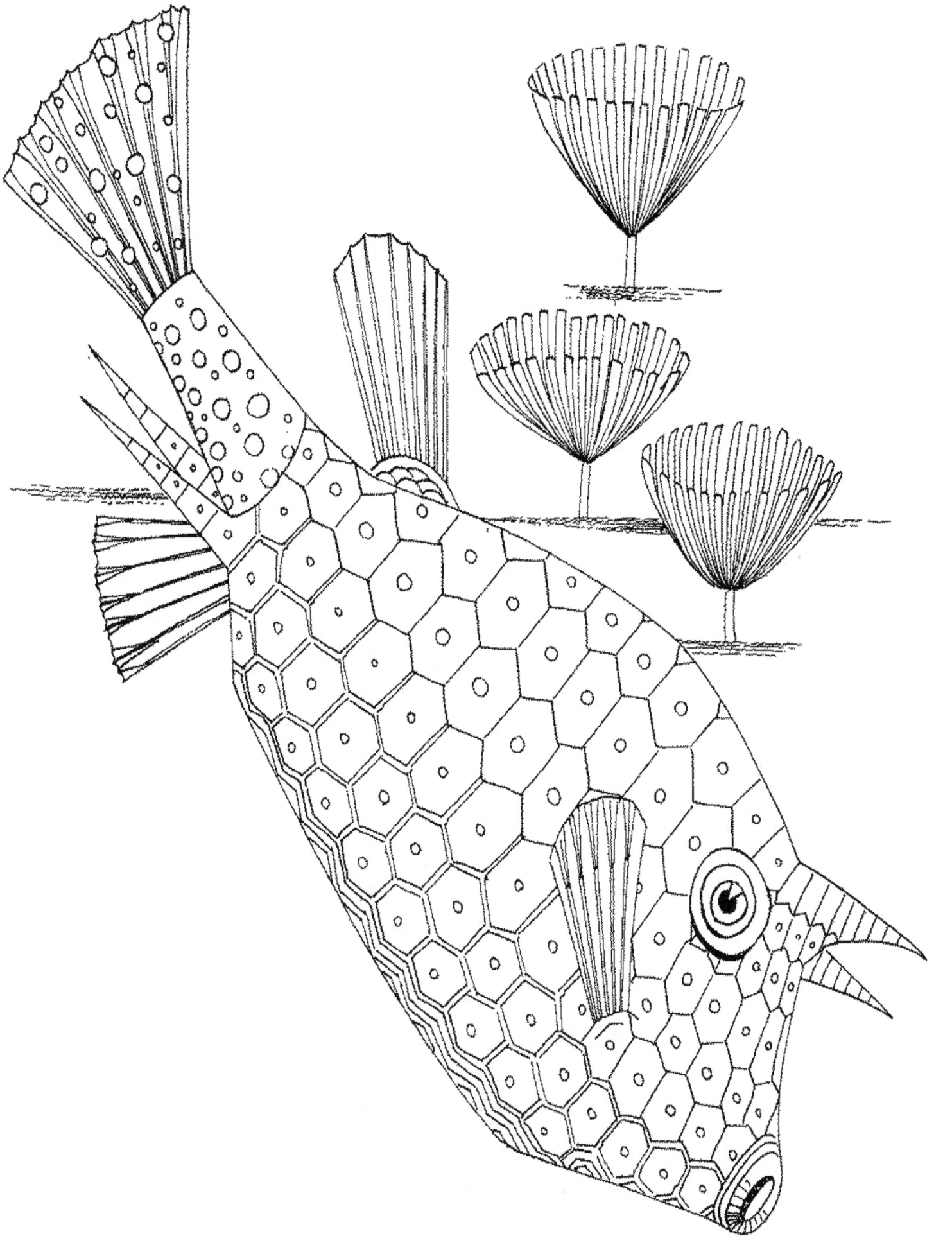

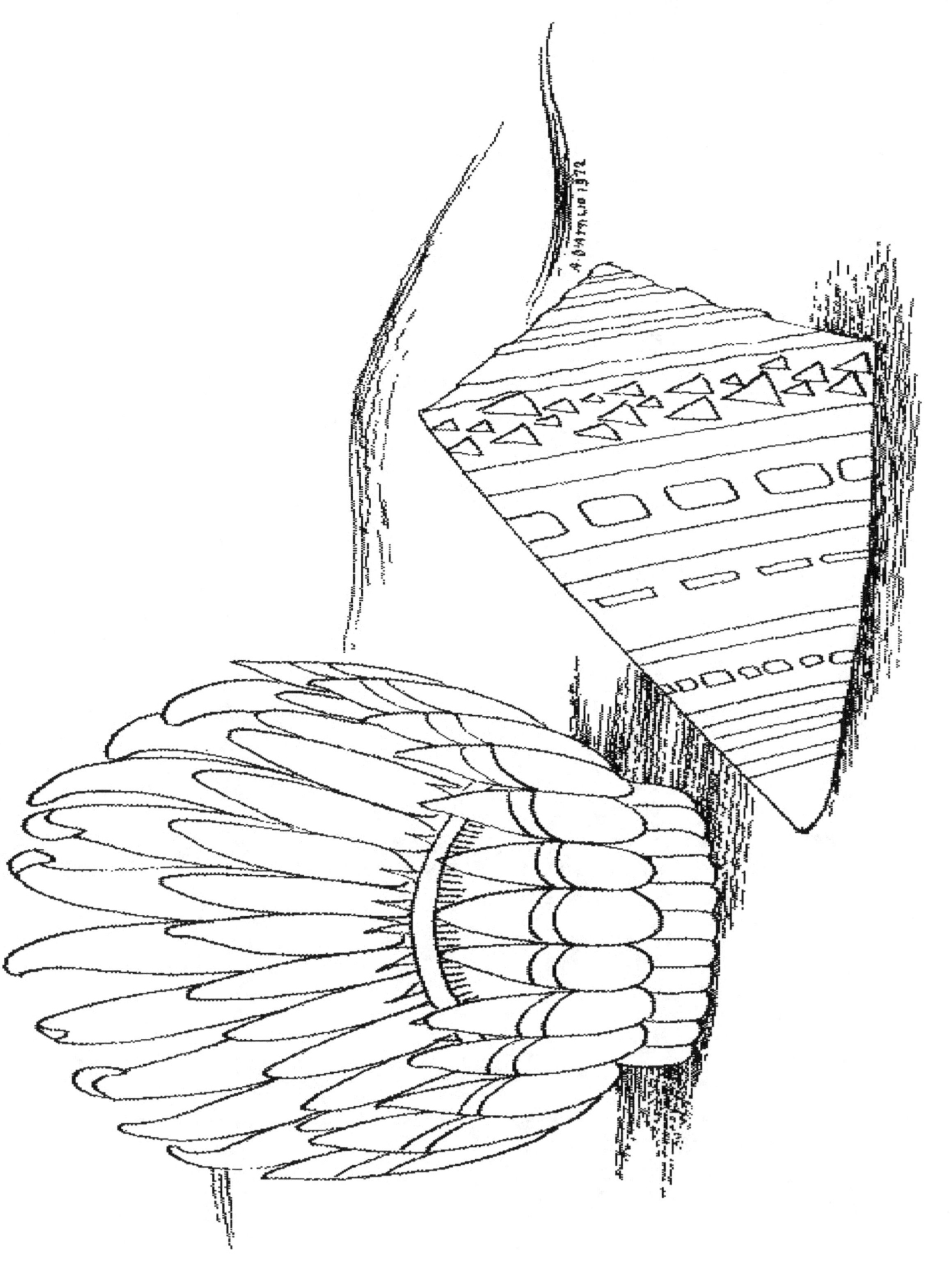

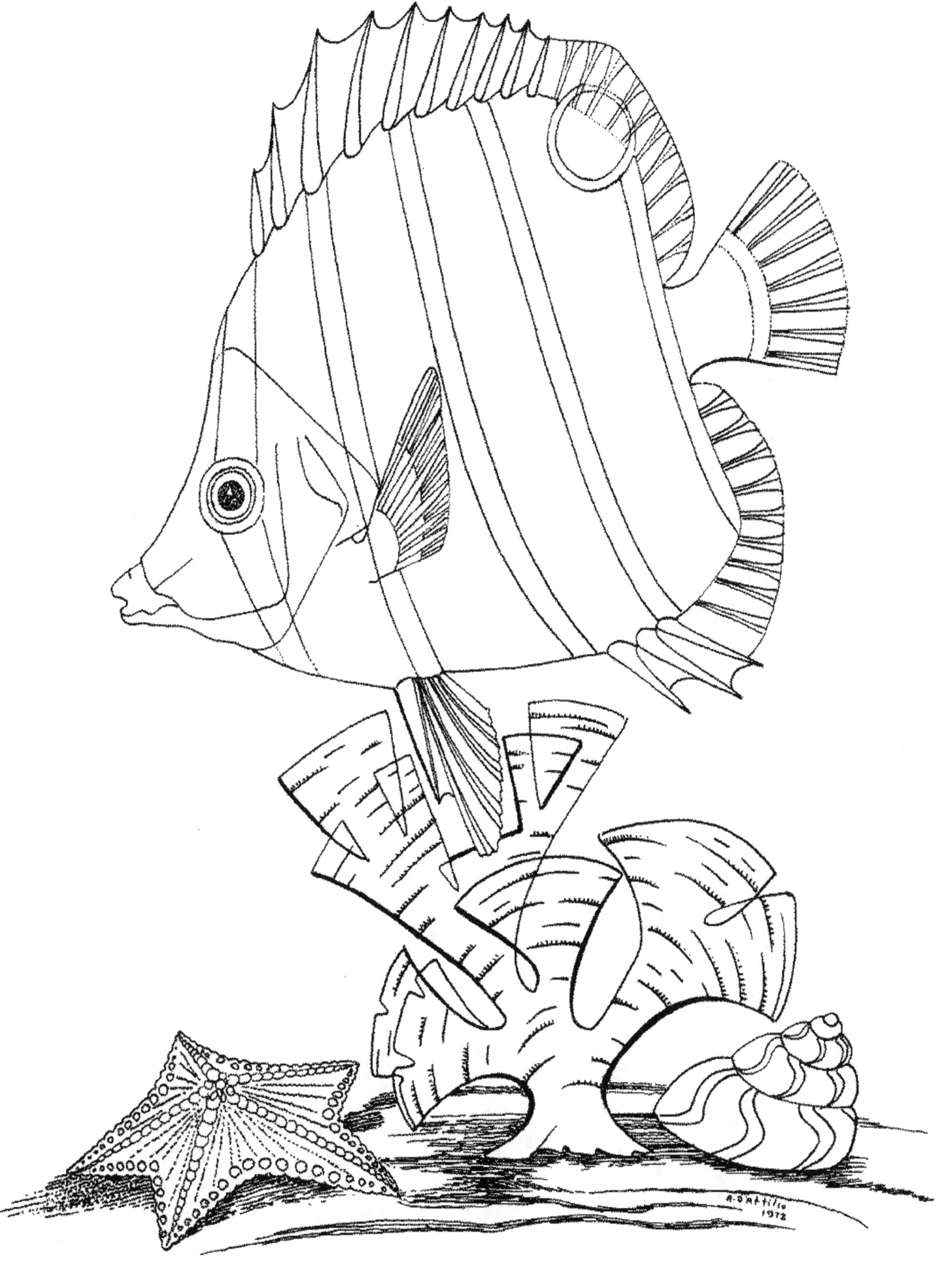

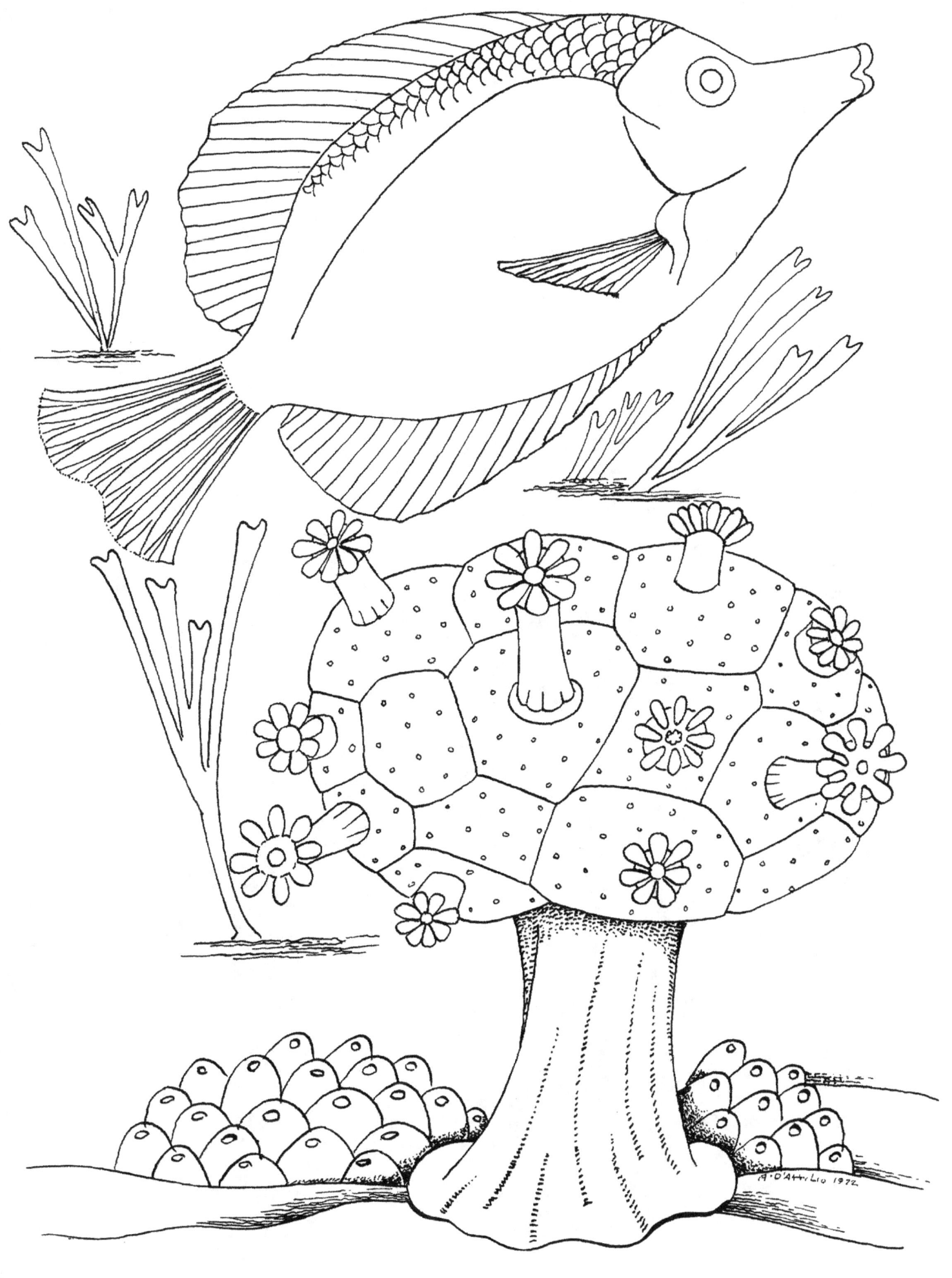

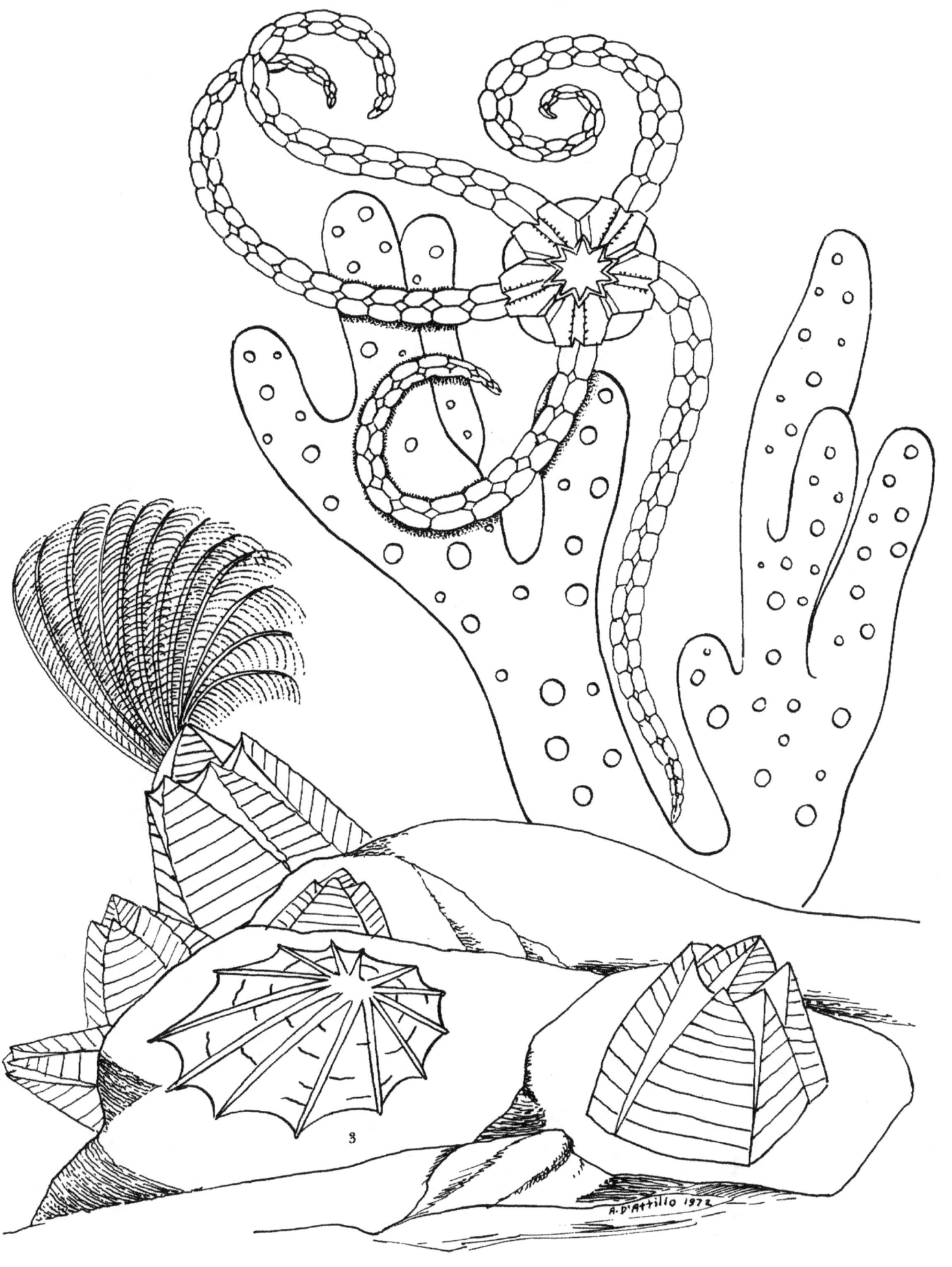

A. D'Attilio 1972

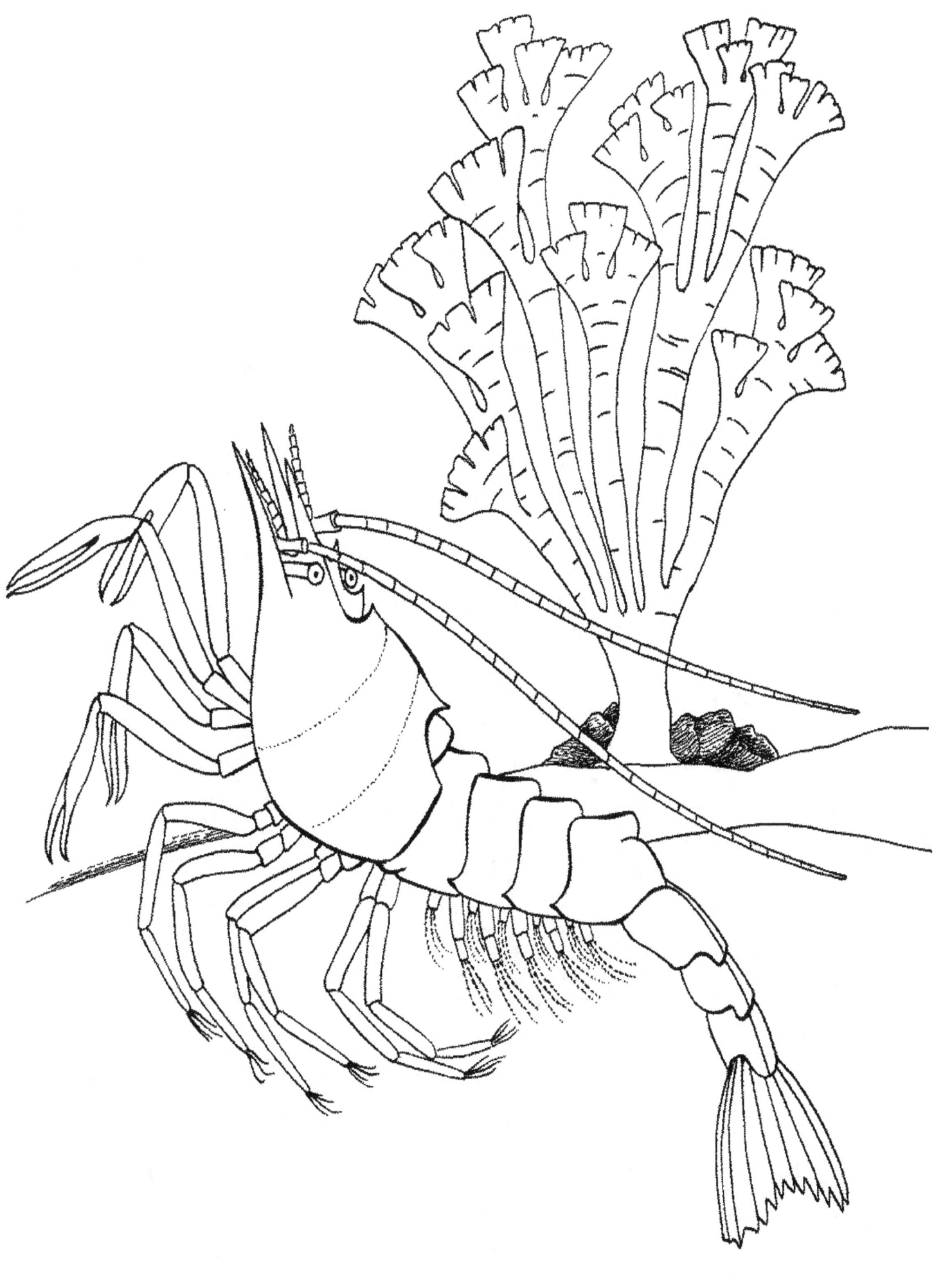

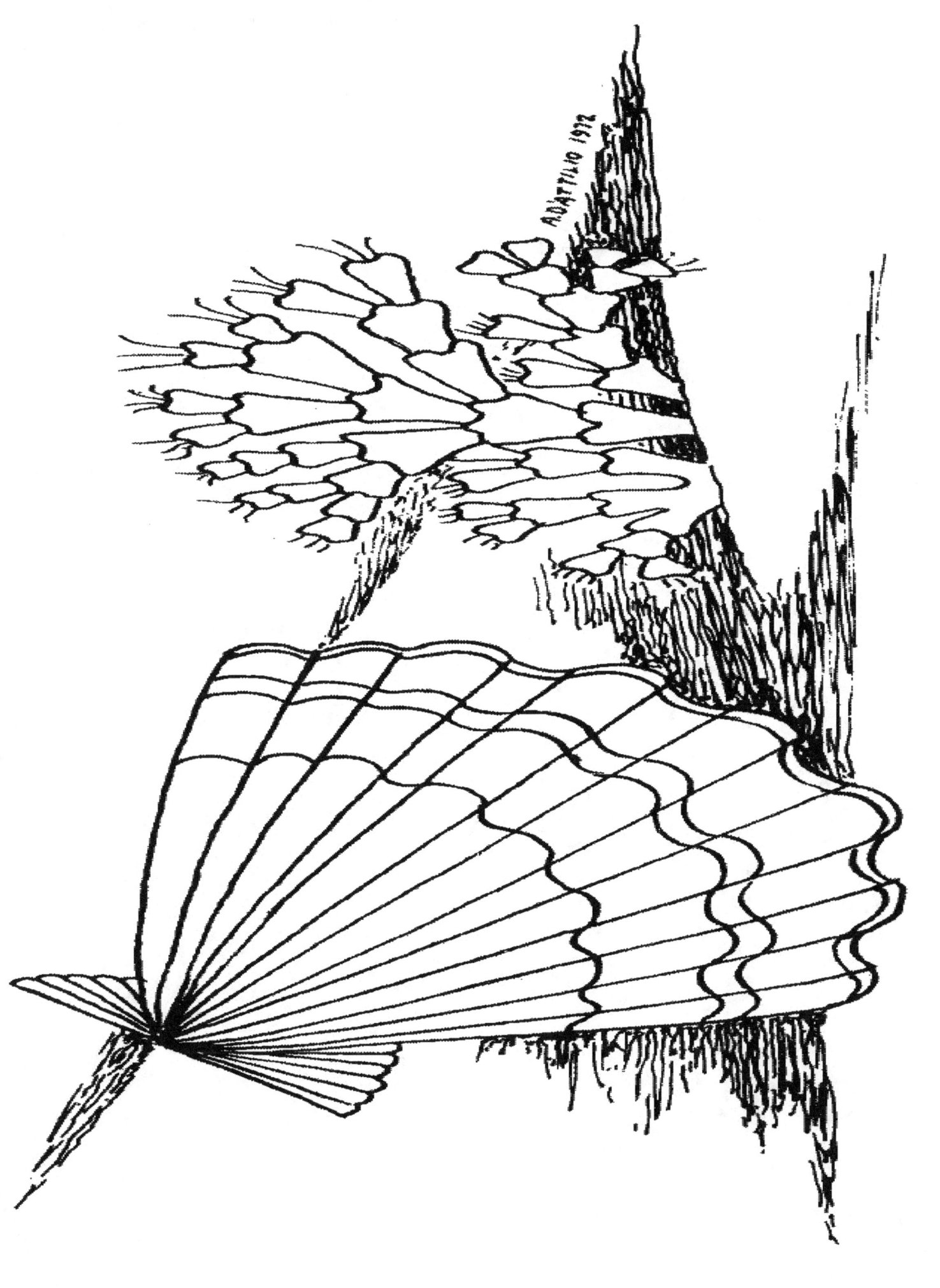

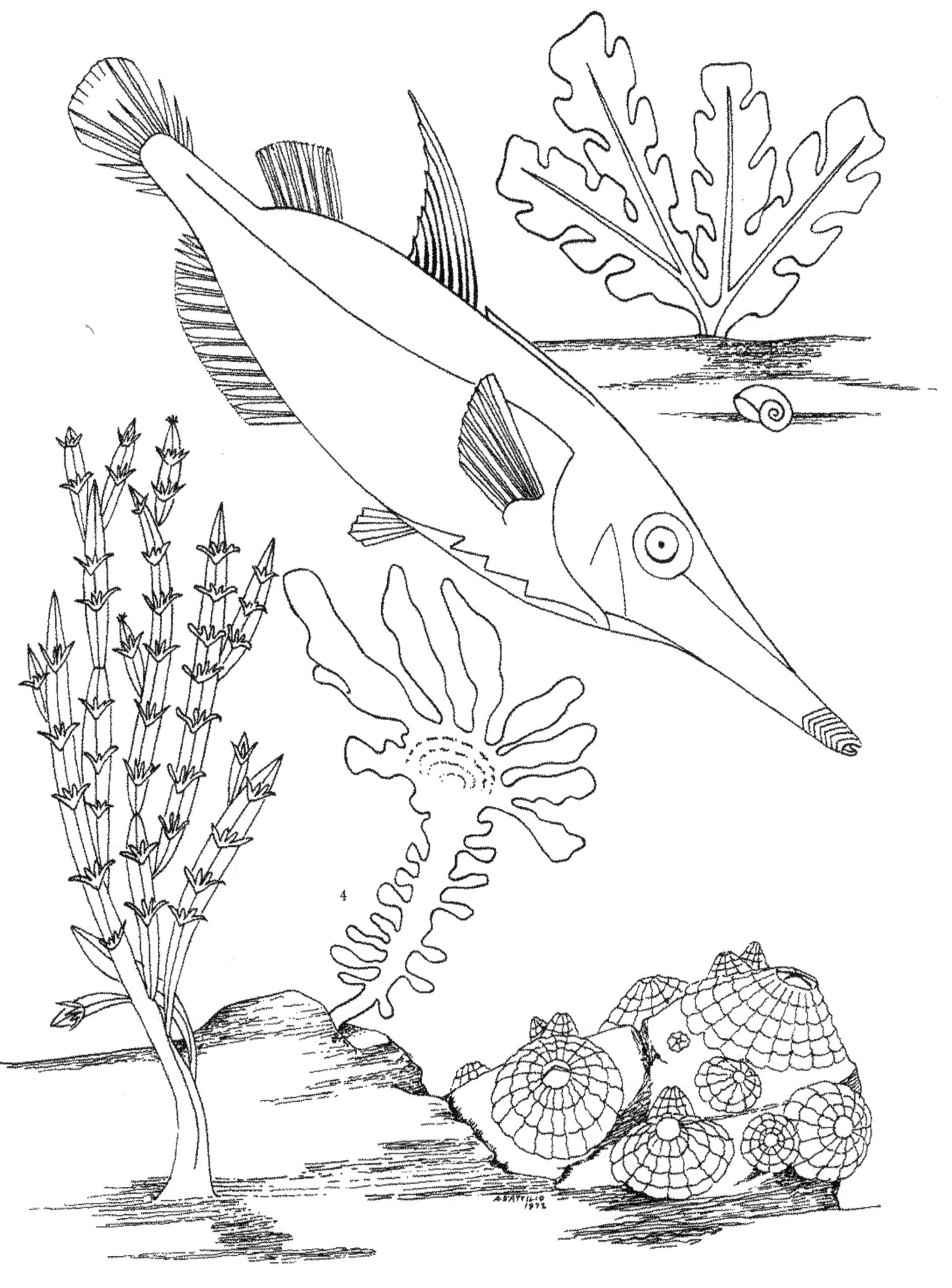

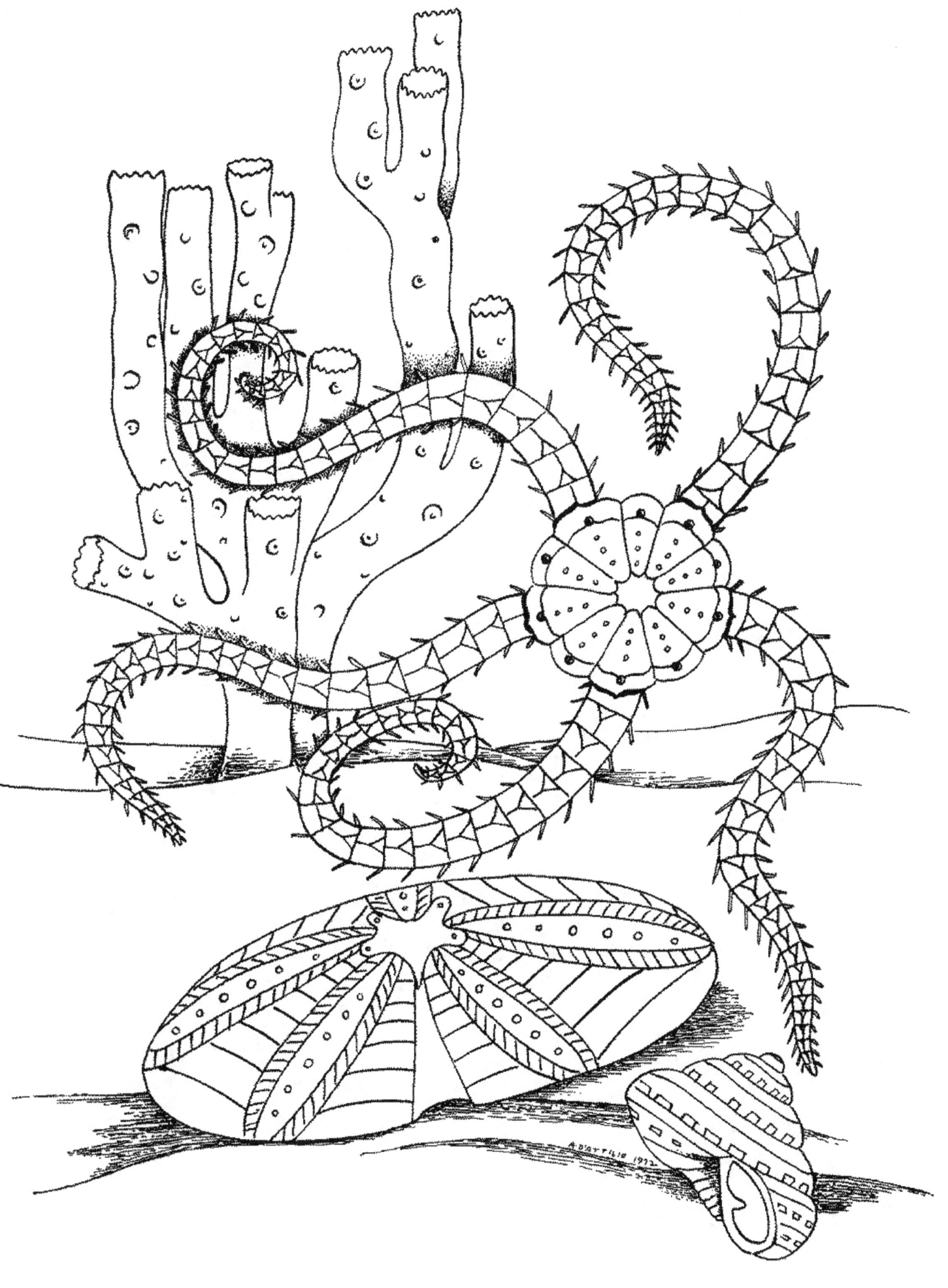

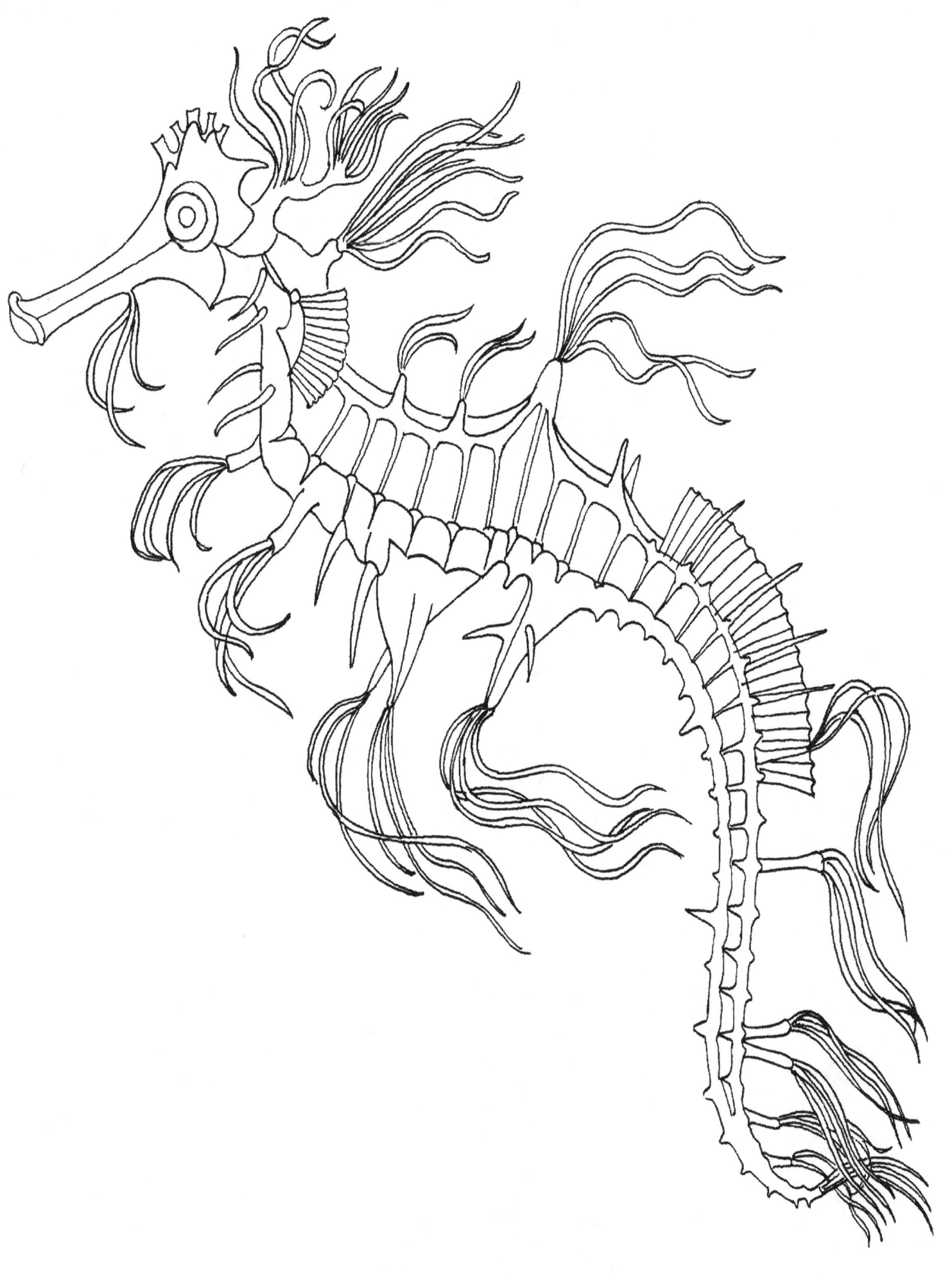

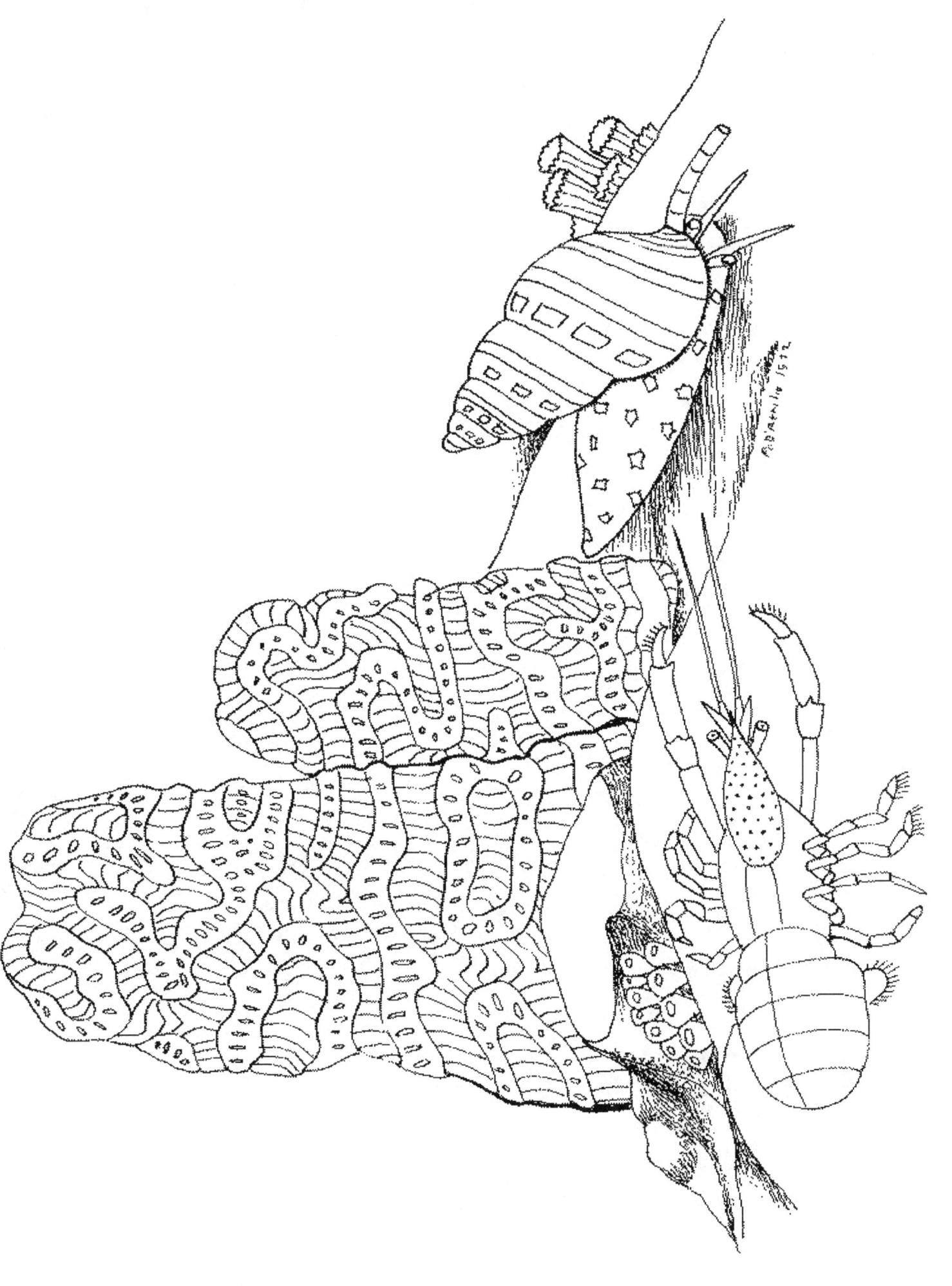

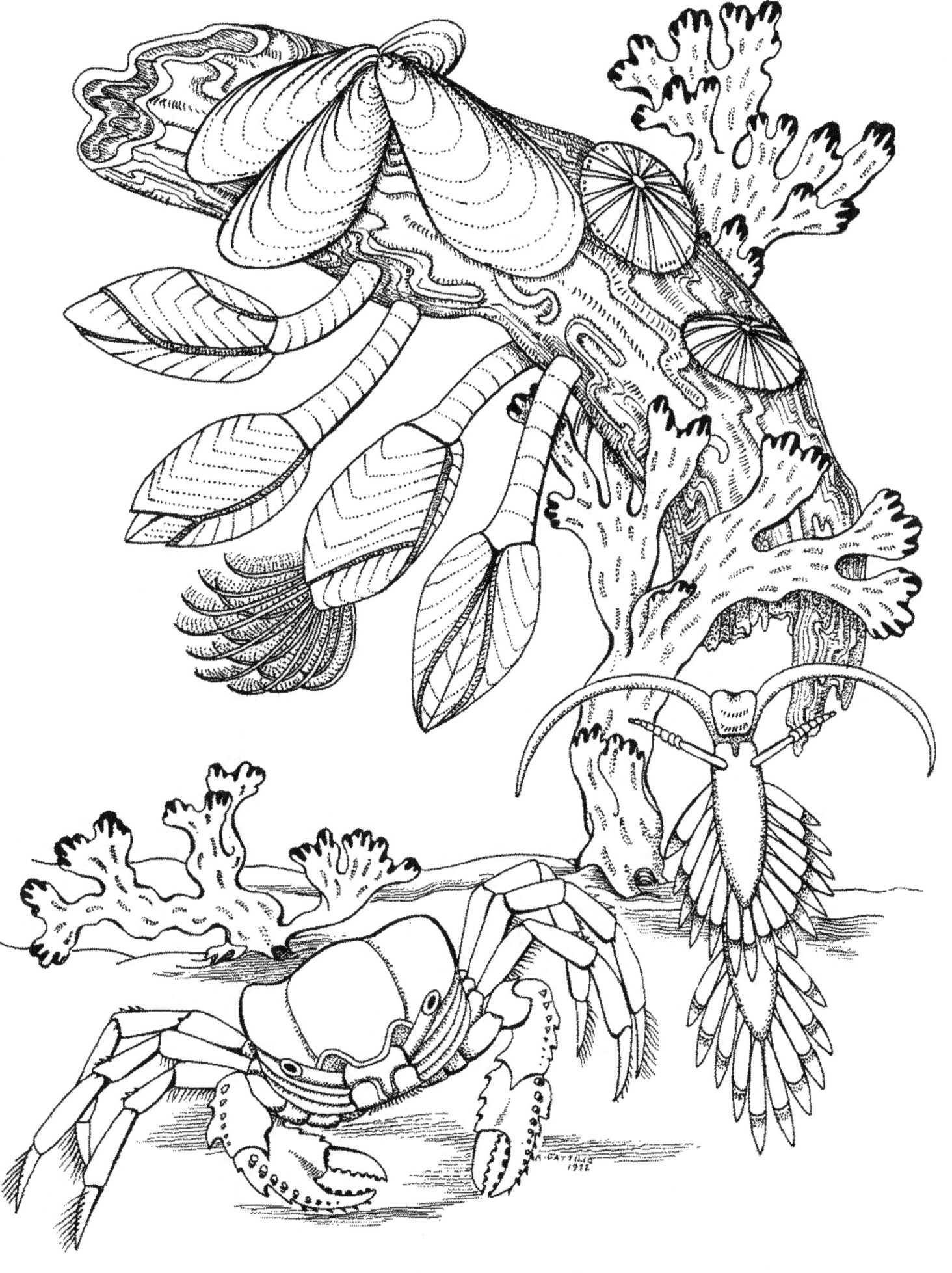

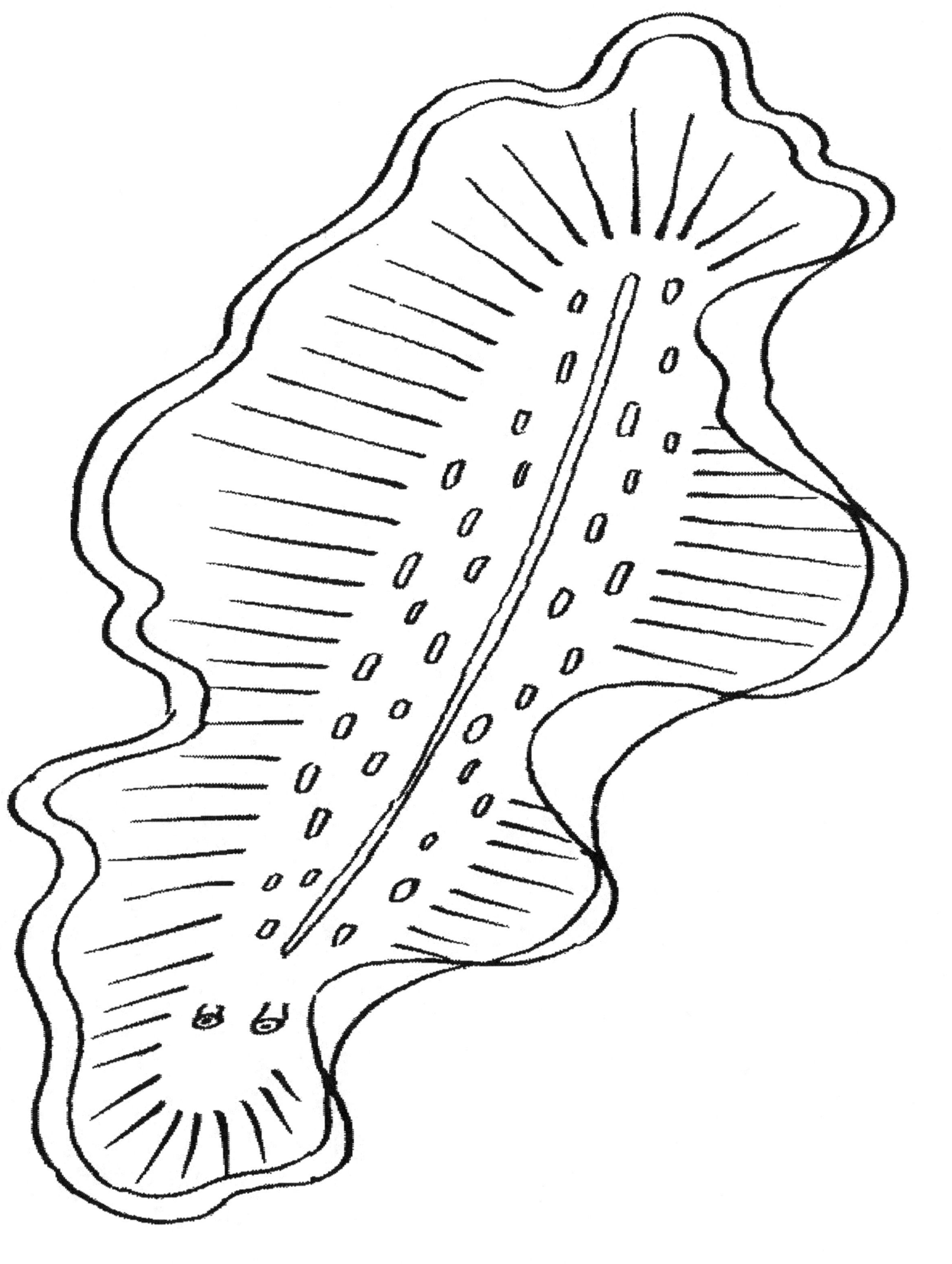

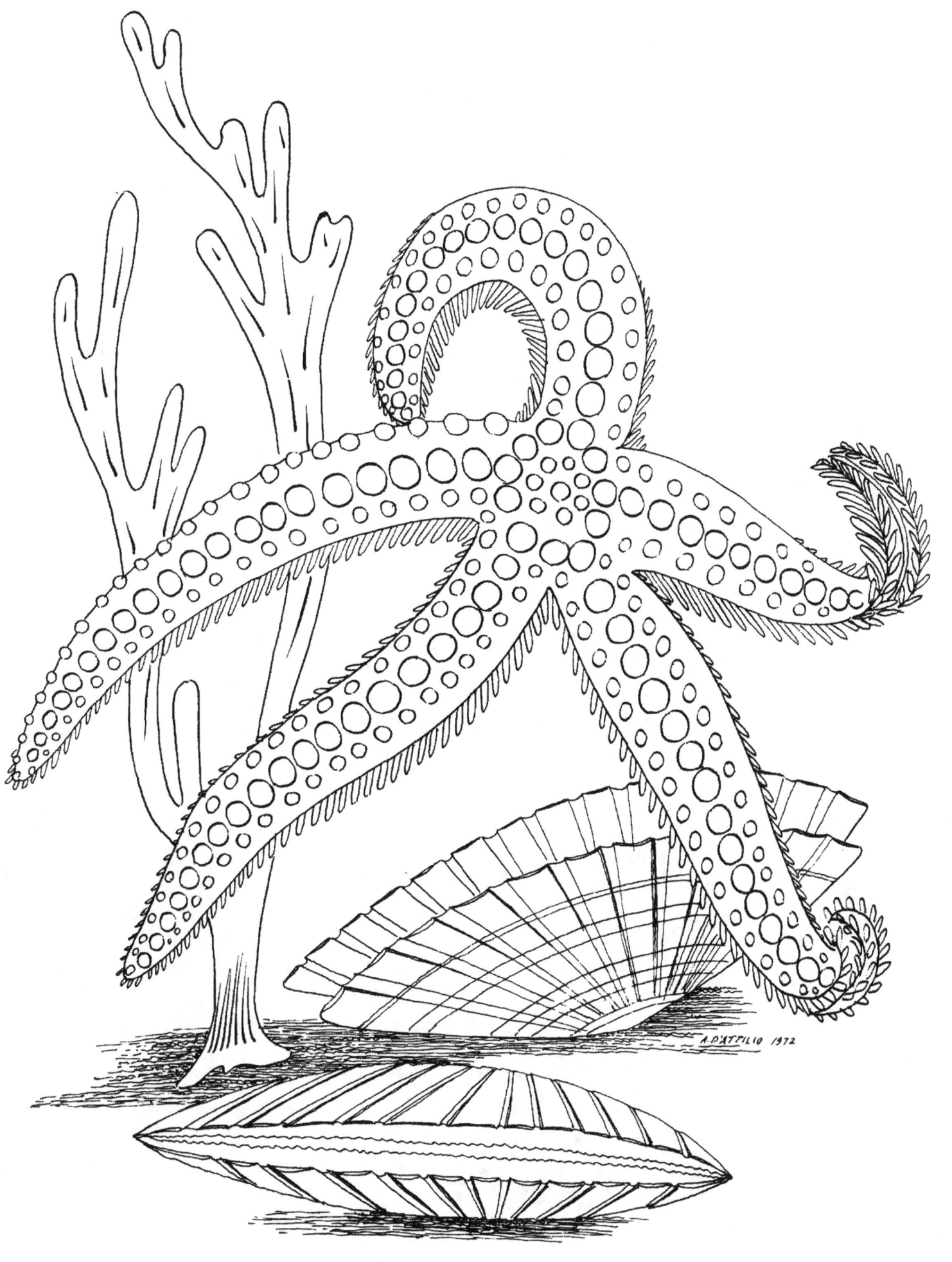

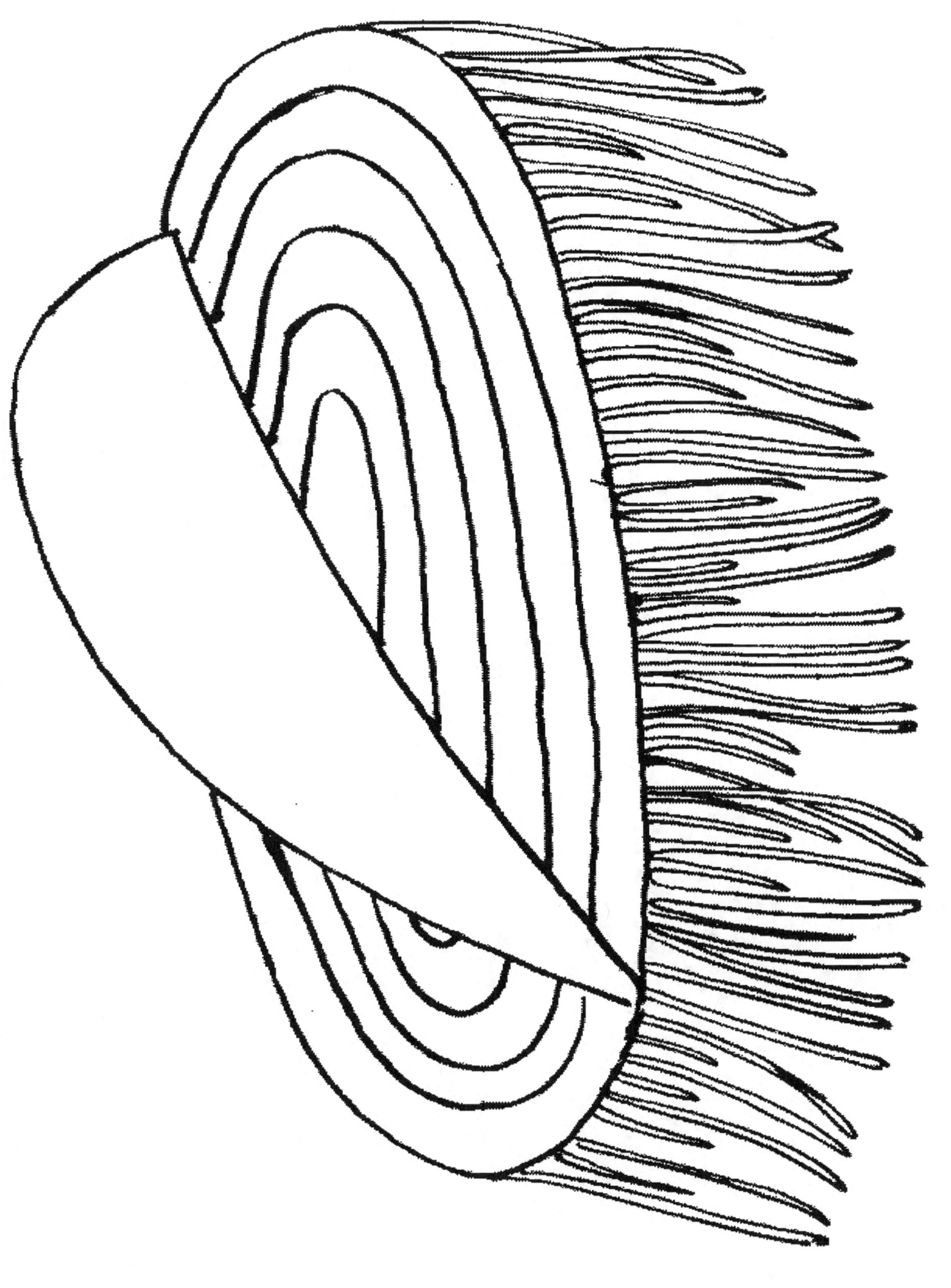

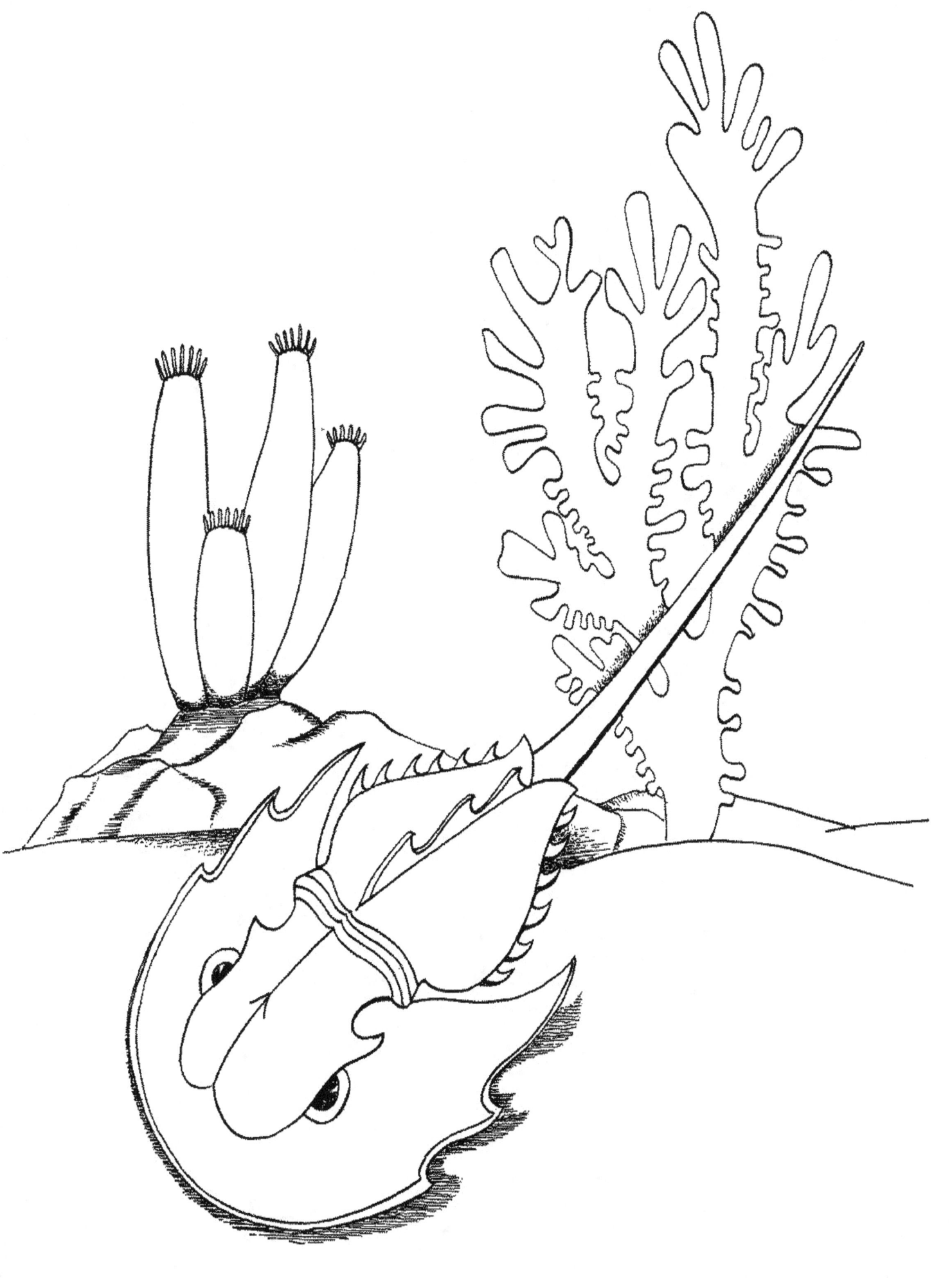

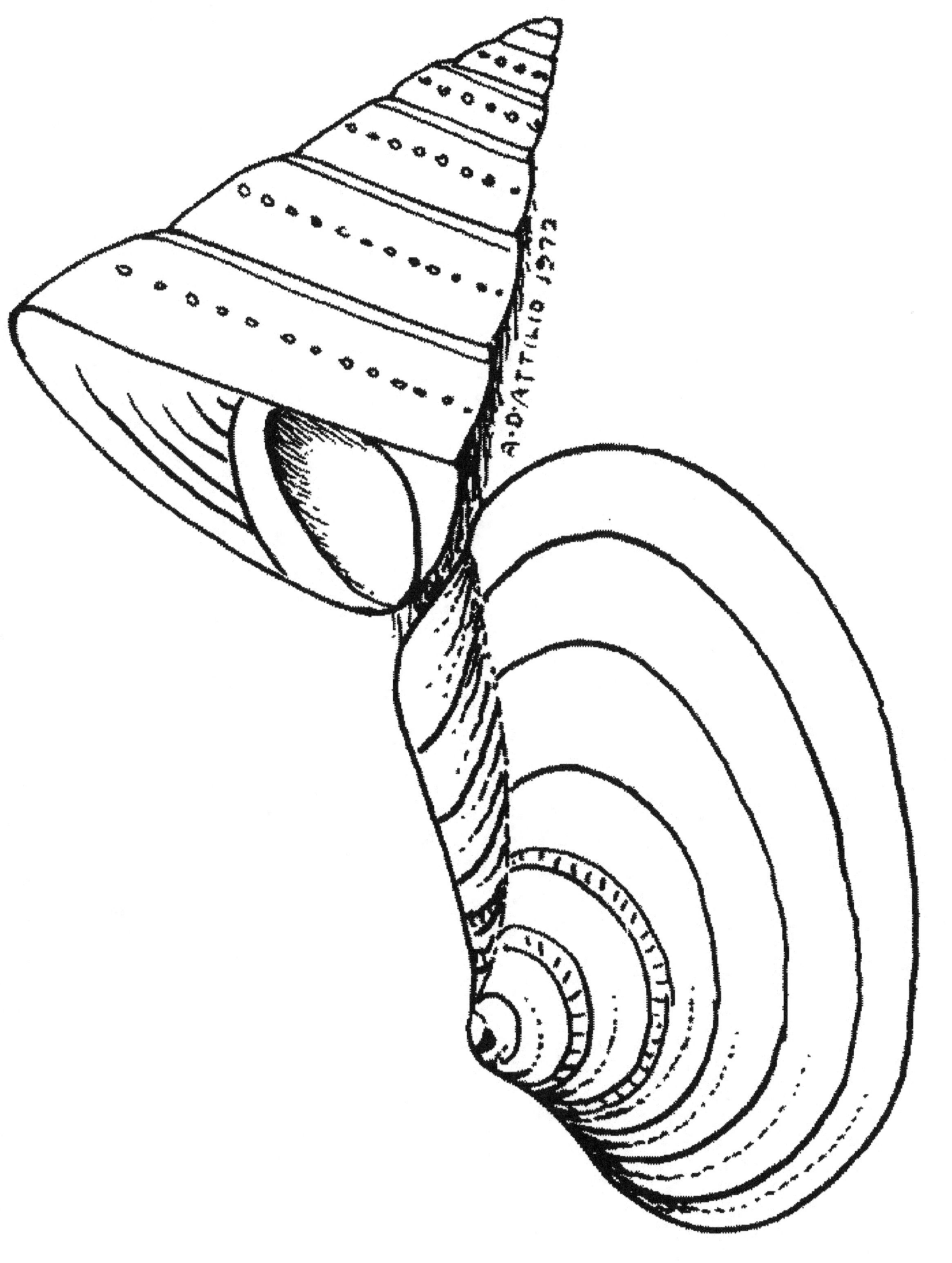

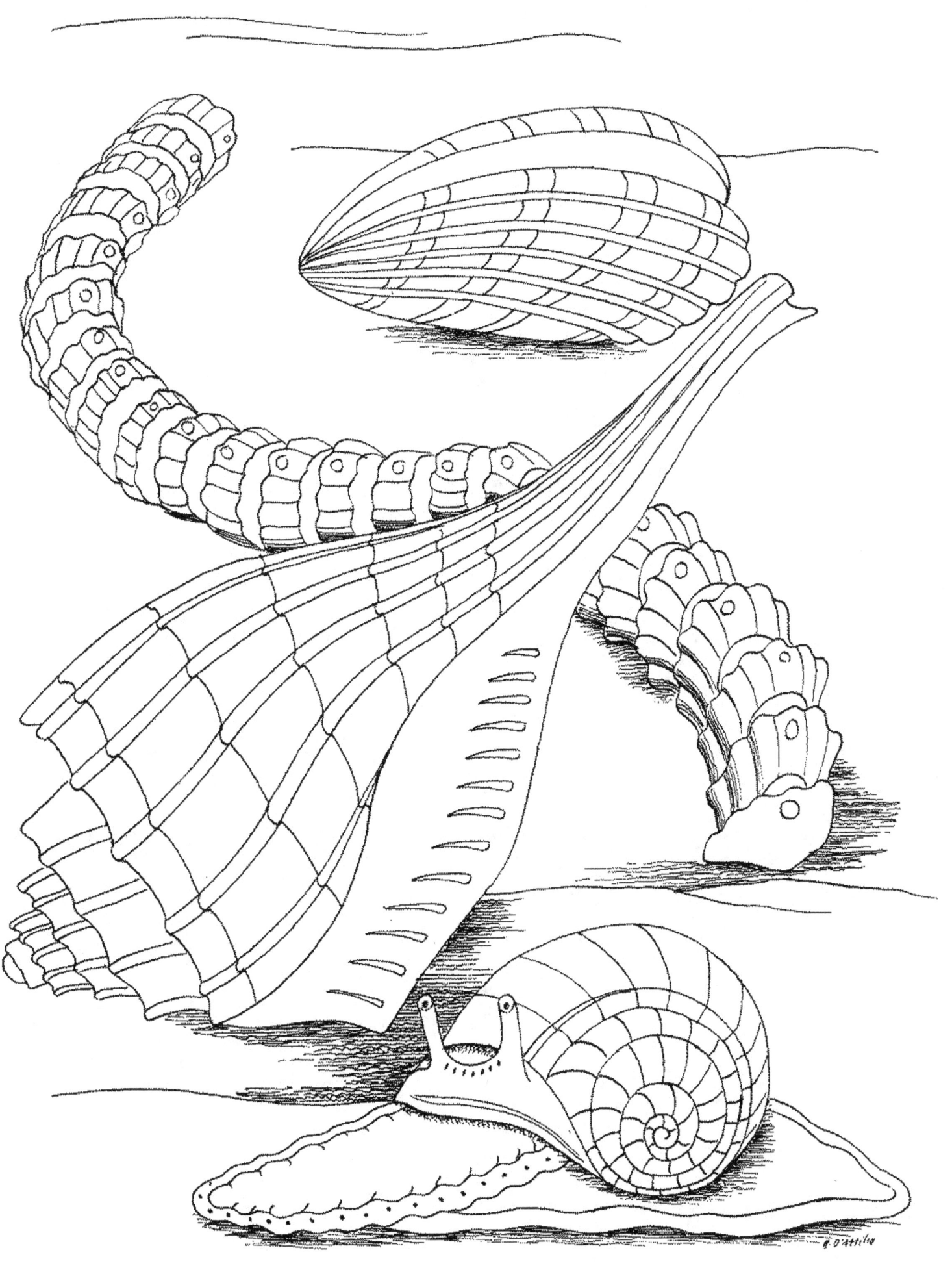

www.ingramcontent.com/pod-product-compliance
Lightning Source LLC
Chambersburg PA
CBHW081530220526
45467CB00010B/3111